**Holger Hoetzel
Route 66:
Straße der Sehnsucht**

»Meinen Eltern Sylvia und Hubert Hoetzel und meiner Frau Heidi Schwarck«

Hualapai Valley, Arizona. Eine 20 Meilen lange Gerade streckt sich nach Kingman. Landeanflug. Wie ein gigantisches Flugfeld leuchtet die Stadt in der Abenddämmerung.

Holger Hoetzel

Route 66:
Straße der Sehnsucht

Ullstein

Kingman, Arizona.
Route 66 Motel.
20 Dollar für die Übernachtung. Klimaanlage, dünne Laken und Straßenlärm inbegriffen. Heimat für eine Nacht.

Inhalt

13 Die Geschichte einer Reise

17 On the road
Illinois

37 Eiscreme und kleine Fluchten
Missouri

53 Ein halber Morgen Hölle
Kansas

59 Land der roten Menschen
Oklahoma

83 Art deco im Wilden Westen
Texas

95 Der unendliche Horizont
New Mexico

139 Licht am Ende der Welt
Arizona

179 . . . ins gelobte Land
Kalifornien

204 Danksagung
205 Literatur
205 Anmerkungen
206 Register

© 1992 by Verlag Ullstein GmbH Frankfurt/M. ·
Berlin
Alle Rechte vorbehalten
Herstellung: Erika Huß und Olaf Prill
Umschlaggestaltung: Volkmar Schwengle
Satz: deutsch-türkischer fotosatz, Berlin
Druck und Binden: Grafica Editoriale, Bologna
Printed in Italy 1992
ISBN 3-550-06558-2

Main Street, USA.
Amerika beginnt zu reisen.
»First long holidays.«
Route 66 als touristische
Erfahrung.

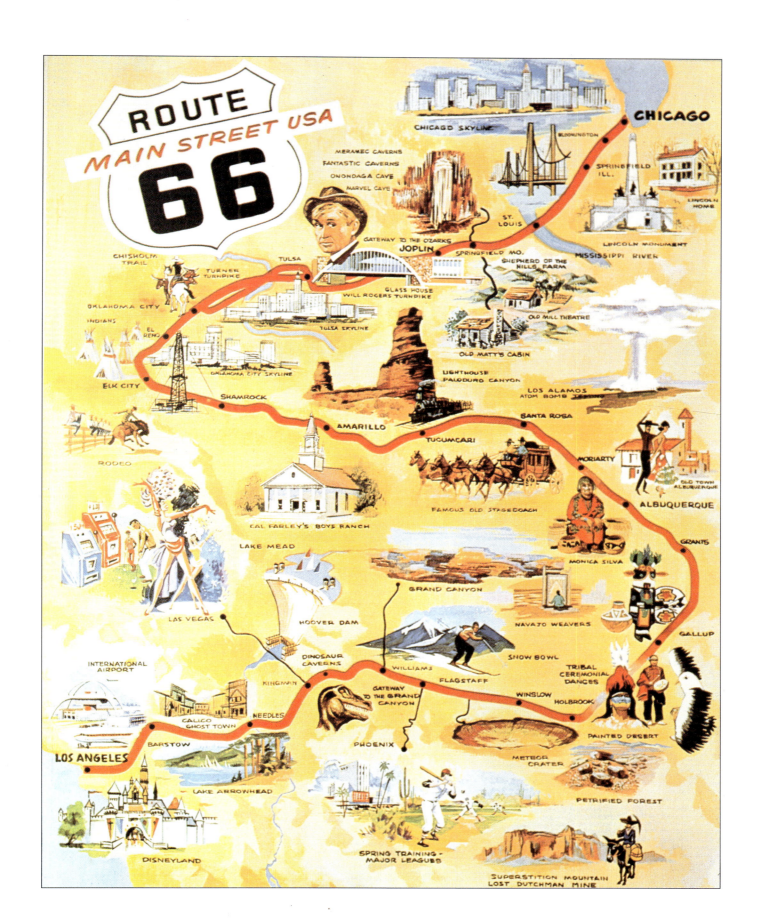

Mojave-Wüste,
Kalifornien.
». . . Nächte, die wie Tage
waren, und Träume,
durch die Easy Rider
Peter Fonda mit einem
Chopper kreuzte.«

Damals, als der alte Highway noch jung war, bevor er entlang
einer leistungsfähigeren Route neu gebaut wurde, war die
Kneipe eine Tankstelle gewesen. Der verblichene Geist eines
roten Pferdes spukte immer noch von den verwitterten Schin-
delwänden des Gebäudes. Eine kleine Gruppe aufgegebener
Autos — von einem rotbraunen Henry J bis zu einem ziemlich
neuen, aber bös' abgewrackten schwarzen Dodge Charger
standen knietief im staubigen Johnson-Gras, die leeren Fas-
sungen ihrer Scheinwerfer von Pegasus träumend und vom
Flug über den Asphalt. Die Kneipe hatte nicht mal einen
Namen, nur ein verblichenes Schild, das über der Veranda
schaukelte und müde BIER versprach. Die alten gläsernen
Benzinpumpen waren lange verschwunden — wahrscheinlich
in einen Antik-Shop nach Sausolito —, doch die rostigen
Bolzen ihrer Verankerungen baumelten immer noch im
Beton, wie die Fingerknochen einer Hand aus einem seichten
Grab.
James Crumley, The Last Good Kiss

Galena, Kansas.
Im Herzen Amerikas.

Die Geschichte
einer Reise

Won't you get hip to this timely tip:
when you make that California trip.
Get your kicks on Route Sixty-Six!

Bobby Troup

Straßen haben mich mein Leben lang fasziniert. Wege von hier nach dort, die der Natur eines Landes folgen, seiner Topographie und den Sehnsüchten seiner Menschen. Route 66, das mehr als 2400 Meilen lange Asphaltband aus dem Herzen Amerikas an die Pazifikküste, ist so ein Weg. Eine Traumstraße, nicht nur, weil die geographische Schönheit der Bundesstaaten, durch die sie führt, das Herz jedes Amerika-Fans bezaubert, sondern vor allem, weil sich an ihr entlang die Träume eines ganzen Volkes wiederfinden.

Die Idee, diese Straße mit einem Motorrad zu befahren, kam mir im Frühjahr 1990 nach einer Unterhaltung mit dem Hamburger Fotografen Hans Verhufen, der sich gerade in eine Harley-Davidson Fatboy verliebt hatte. Und weil in Amerika alles möglich ist, habe ich in New York einen Motorrad-Führerschein gemacht und mich zwei Monate später auf eine *Softail* gesetzt und bin Richtung Westen gefahren.

Dieses Buch erzählt die Geschichte dieser Reise. Es erzählt die Geschichte der alten Straße, die in diesem Jahr 1992 ihren 66. Geburtstag feiert. Und es erzählt die Geschichten von Menschen, die geblieben sind, als der Highway 66 aufhörte, die *Hauptstraße Amerikas* zu sein, von Menschen, die dort immer noch ihr täglich Brot verdienen: in Tankstellen, Cafes, Barber-Shops und Motels.

If you ever plan to motor west
travel my way, take the highway that's the best.
Get your kicks on Route Sixty-Six!

It winds from Chicago to L. A.,
more than 2000 Miles all the way.
Get your kicks on Route Sixty-Six!

Now you go thru Saint Looey and Joplin, Missouri
and Oklahoma City is mighty pretty.
You'll see Amarillo, Gallup, New Mexico;
Flagstaff, Arizona; don't forget Winona,
Kingman, Barstow, San Bernardino.

Es war ein klarer sonniger Spätsommermorgen. Die feuchte Schwüle des New Yorker Sommers war Geschichte, und die Sonne hatte bereits jenen silbrigen Schimmer, der sich im Laufe der nächsten Wochen in ein warmes Gold verwandeln würde. Ich verließ New York durch den Central Park, vorbei an all den Joggern, die zu jeder Tageszeit auf den Straßen des Parks entlangtraben.

Natürlich hatte mich das Fieber schon lange vor jenem Tag beschlichen, an dem ich, einen schwarzen Sturzhelm auf dem Schoß, in einem der elenden New Yorker Taxis auf dem Weg zum La Guardia Airport saß. Die Sehnsucht nach der *Open Road,* der offenen Straße, und nach einem Amerika alter Cafes, rostiger Tankstellen und verfallener Motels war so alt wie mein deutscher Traum von den Vereinigten Staaten von Amerika. »Unser Wim-Wenders-Syndrom«, hat der Regisseur Percy Adlon die Sehnsucht nach der weiten Leere des amerikanischen Westens einmal genannt.

In meinen Tagträumen hatte mich diese Sehnsucht zwangsläufig zum alten Highway 66 geführt, eine Straße von mythischer Dimension, die Ende der 20er Jahre zum ersten Mal den amerikanischen Mittelwesten mit der Westküste verband — die erste große Nationalstraße, die das Gesicht Amerikas nachhaltig veränderte. Und eines Morgens ging mir der Name Harley-Davidson nicht mehr aus dem Kopf. Authentischer als auf diesem klassischen, amerikanischen Motorrad — so stellte ich mir vor — konnte das Erlebnis der *Open Road* nicht sein: Mit einer Harley-Davidson auf dem Highway der Hoffnung, auf einer Straße, die die Jahrzehnte allmählich zerfressen hatten und die in die Welt der populären Mythen eingegangen ist. *Get Your Kicks on Route 66* hörte ich die Rolling Stones singen. Allein die Vorstellung bereitete mir Nächte, die wie Tage waren, und Träume, durch die Easy Rider Peter Fonda mit einem Chopper kreuzte.

Highway 66, das waren 2448 Meilen durch das Herz Amerikas. Durch drei Zeitzonen und acht Staaten: Illinois, Missouri, Kansas, Oklahoma, Texas, New Mexico, Arizona und Kalifornien. Von Chicago nach Los Angeles über Beton und Asphalt, Schotterdreck.

Harley-Davidson, USA.
Metallgewordene Sehnsucht nach Authentizität.

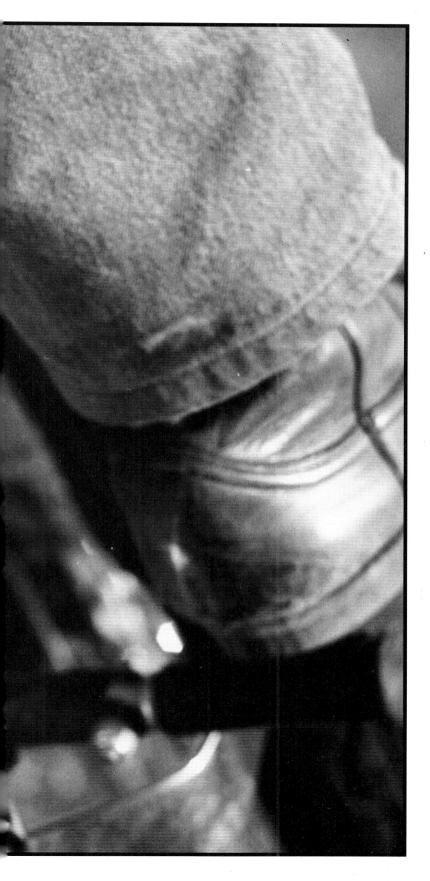

Auf einer Straße, die sich als Transportweg vom Michigan-See zum Pazifik wand, aber für Amerika bald schon mehr war: eine Arterie, die eine von Henry Ford mobilisierte Nation plötzlich miteinander verband. Als Synonym für den Weg in den Westen wurde die Sixty-Six in Literatur, Musik, Fernsehen und Film schon bald zum Mythos: Für John Steinbeck war der Highway 66 in seinem 1940 mit dem Pulitzer-Preis ausgezeichneten Roman *The Grapes of Wrath* (Früchte des Zorns) die *Mother Road* (Mutterstraße). Und seine Protagonisten, eine Farmerfamilie aus dem von Staubstürmen geplagten Osten Oklahomas, schickte er mit dem Traum auf eine bessere Zukunft auf der Sixty-Six Richtung Westen nach Kalifornien.

Für eine zweite Generation von 66-Reisenden skizzierte der Komponist Bobby Troup 1946 mit seinem Song *Get Your Kicks on Route 66* eine musikalische Landkarte. Nat King Cole hat ihn besungen, die Rolling Stones, Manhattan Transfer, Depeche Mode, Michael Martin Murphy und unzählige andere. Für die Nachkriegsgeneration geriet die Straße zu einem völlig neuen Abenteuer: Aus einem Weg von hier nach dort wurde ein Ziel. Amerika begann zu reisen.

In den 60er Jahren machte eine Fernsehserie mit dem Titel *Route 66* schließlich eine nationale Obsession aus dem Highway: Er wurde zu einem Symbol des Aufbruchs in eine bessere Zukunft, ein Symbol für den Traum eines Landes von sich selbst — für seine unbegrenzten Möglichkeiten, für Abenteuer und Freiheit. Worte, die heute, von der Realität geschunden, nach Klischee klingen. Die Sehnsucht jedoch bleibt. Und jeder Amerikaner hat davon geträumt, wenigstens einmal im Leben einen Teil des Highways zu befahren. Vielen Europäern und Asiaten geht es heute nicht anders. Eine reife Leistung für eine alte Straße.

ILLINOIS

Vorhergehende Seite:
Shirley, Illinois.
Die Hauptstraße Amerikas
als Betonmosaik – einsam in
der Prärie des mittleren
Westens. Eine Straße im
Dornröschenschlaf.

On the road

In der Juneau Avenue Nummer 3700 in Milwaukee, im US-Bundesstaat Wisconsin, steht die Fabrik von Harley-Davidson. Durch die kleinen Fenster des dunklen Ziegelbaus werfen die Zylinder der verchromten Motoren die Sonnenstrahlen in den Tag zurück.

Schwarz ist sie, mit dem Gesicht eines wilden Tieres: *Heritage Softail Classic* – eine große Maschine im klassischen Look der 50er Jahre, mit schwarzen, nietenbeschlagenen Satteltaschen. Ich verstaue die wenigen Habseligkeiten, die ich mir für die zweiwöchige Reise mitgebracht habe, und sinke in den tiefen Sattel. Mein Herz schlägt bis zum Hals, als ich den Starterknopf drücke. Ein tiefes Grollen läßt die Maschine vibrieren. Ich werfe keinen Blick zurück.

Mein erstes Ziel ist das 80 Meilen entfernte Chicago, wo die alte Route 66 am Grant Park Ecke Jackson Boulevard ihren langen Weg in den Westen beginnt. Ein kleines 1946 erschienenes Buch mit dem Titel *A Guidebook to Highway 66* (Ein Führer zum Highway 66) soll mir bei meiner Suche nach der alten Straße helfen. Denn die Straßenschilder mit der Aufschrift 66 – das wußte ich –, die gab es lange nicht mehr.

Es war ein kalter, grauer Wintermorgen im Januar 1977, als die beiden Straßenarbeiter John Chesniak und Gus Schulz an der Ecke Michigan Avenue und Jackson Boulevard in Chicago das Straßenschild mit der Aufschrift *End of Route 66* von einem Laternenpfahl schraubten. Ein Vorgang, der nur wenige Minuten dauerte und der doch das Ende einer Ära einläutete. Neue Schilder für die Interstate 55, eine deutschen Autobahnen vergleichbare Nord-Südverbindung in Illinois, waren bereits montiert. Und auch die Landkarten des Bundesstaates spiegelten schon den Beginn moderner Zeiten wider. Die Geschichte hatte den alten Highway 66 überholt.

In den Jahren danach folgten auch die Staaten im Westen dem Beispiel von Illinois. Überall hatten Interstates den Highway ersetzt, und die schwarzweißen 66-Schilder verschwanden allmählich vom Straßenrand. Im Oktober 1984, als in der Nähe von Williams, Arizona, ein letzter Abschnitt der Interstate 40 eröffnet

Litchfield, Illinois. Liebesaffäre mit Neonglanz. Schild über der Theke im Ariston Cafe.

Braidwood, Illinois.
»Wenn Hochbetrieb war, pumpten sieben Mann Benzin.«

Braidwood, Illinois. Italienische Makkaroni für Amerika. Steven und Maggie Rossi in den 20er Jahren.

Oben: Braidwood, Illinois.
Ein Auto für jeden Amerikaner. Vielbefahrene Kreuzung US 66 und State Highway 113.

Unten: Litchfield, Illinois.
»A better place to eat«, das Ariston Cafe in den 20er Jahren.

wurde, schafften die Behörden die alte Straße endgültig ab. Route 66, die *Hauptstraße Amerikas*, hörte offiziell auf zu existieren. Offiziell.

In den Köpfen Abertausender von Amerikanern machte die Demontage die Sixty-Six endgültig zur Legende. Doch was ist von ihr wirklich geblieben? Und was ist geschehen mit den Menschen, die an und von ihr lebten?

Vor der Kulisse der spektakulären Wolkenkratzer-Architektur von Chicago beginnt meine Reise in die Vergangenheit an der Adams Street. Ich verlasse die Beton- und Glas-Canyons der Stadt am Michigan-See über den Ogden Boulevard. Die grauen Slums im näheren Umfeld des *Loops* — schwitzend in der feuchten Mittagshitze — scheinen unbewohnt. Eingeschlagene Fenster, mit Holzbrettern zugenagelte Türen, Getto. Erst als ich durch die endlosen Vorstädte fahre, wandelt sich das Bild. Die kleinen Eigenheime sind von sauberen Gärten umgeben. Die Idylle der Vororte: Zwei alte Metallstühle, von denen weiße Farbe blättert, stehen im feinen Regen eines Rasensprengers. Eine amerikanische Flagge hängt schlaff vor dem dunstigen Blau des Nachmittagshimmels von Illinois.

Cicero heißt dieser Vorort von Chicago, in den sich in den 20er und 30er Jahren die großen Mafia-Bosse zurückzogen. Man erzählt sich, daß einst geheime Tunnel den Vorort vernetzten. Die Gangster bewegten sich auf diese Weise unsichtbar für die Polizei zwischen sogenannten *Blind Pigs* und Bordellen hin und her. Blind Pig ist ein alter amerikanischer Slang-Ausdruck aus dem Mittelwesten und bezeichnet illegale Kneipen, in denen nur Mitglieder Zutritt haben und in denen von Glücksspiel bis zu Drogen alles zu haben ist, was das Gesetz verbietet. Es gibt zwei Erklärungen für die Herkunft des Wortes Blind Pig (Blindes Schwein): Man sagt, die Polizisten waren nach Absprachen mit den Gangstern auf beiden Augen blind, was diese Etablissements betraf. Eine andere Erklärung besagt, daß der Schnaps, der dort verkauft wurde, so schlecht war, daß man davon das Augenlicht verlor.

Zwischen Berwyn und Joliet kann ich die alte Sixty-Six nirgendwo mehr entdecken. Hier folgt die Interstate 55 ihren Spuren, und ich reihe mich mit der Maschine in den Feierabendverkehr der Vorstädte. Erst als ich auf der alten Joliet Road in Richtung der kleinen Stadt am Des-Plaines-Fluß fahre, wird der Verkehr dünner. Am

23

Shirley, Illinois.
Rückansichten aus
Motorradfahrerträumen.
Eine Meile alte Route 66
im chromblitzenden
Scheinwerfer der
Harley-Davidson.

Straßenrand entdecke ich die Überreste einer Tankstelle aus den 50er Jahren.

Netze von silbernen Wimpeln zittern im Hauch eines Windes über den weiten Parkplätzen der Autohäuser. Es ist feucht und heiß. Die Konturen der Bäume erkenne ich kaum, die Farben in Illinois sind bleich. Es ist, als habe sich ein Schleier über das Land gelegt. Amerikanische Flaggen hängen vor den kleinen Häusern, als ich über den Kankakee-Fluß nach Wilmington komme. Am südlichen Flußufer diskutieren zwei Angler vor einer Kneipe mit dem Namen Liar's Corner (Lügner-Ecke) über die Ausmaße ihres Fanges. Ich sehe die ersten Siedlungen von übergroßen Wohnwagen, die viele Amerikaner richtigen Häusern vorziehen. Es scheint, als habe sich die Idee des Planwagens auf diese Weise bis ins späte 20. Jahrhundert gerettet.

»Ich bin Mary Rossi Ogg«, sagt eine blonde Frau mittleren Alters, als ich in Braidwood das Schild eines alten Motels fotografiere. »Mein Vater hat dieses Motel vor langer Zeit gebaut.« Die Frau blinzelt, um sich vor den grellen Strahlen der Sonne zu schützen. »Ich kann Ihnen die ganze Geschichte erzählen, wenn Sie sich dafür interessieren und ein wenig Zeit haben.« Mary Rossi Ogg strahlt. »Meine Vorfahren kamen aus Italien in dieses Land, um in den Kohlebergwerken von Illinois unter Tage zu arbeiten«, sagt sie. »Aber mein Großvater hatte von dieser Arbeit bald die Nase voll und eröffnete eine Makkaroni-Fabrik hier in Braidwood. Sehen Sie, dort drüben«, und sie zeigt auf die andere Straßenseite. »Wir haben die ganze Umgebung hier mit Nudeln versorgt.« Mary holt Atem. »Der ideenreichste von allen war mein Vater Peter Rossi. Als er in den 20er Jahren erfuhr, daß die Route 66 durch Braidwood verlaufen würde, hat er sich schwer ins Zeug gelegt. Er hat ein Lebensmittelgeschäft aufgemacht und eine Tankstelle, in der, wenn Hochbetrieb war, sieben Mann Benzin pumpten. Später hat er zwei Motels gebaut und einen Tanz-Pavillon. Bis zu seinem Tod 1984 hat er immer wieder von dieser Zeit erzählt. Viele bekannte Bigbands haben in Rossi's Dancehall gespielt, um sich den Weg von Chicago nach Las Vegas oder Los Angeles zu finanzieren.« Im Waschsalon kramt Mary in einer Schublade und zeigt mir ein paar verblichene alte Schwarzweißfotos. »Und 1935 brannte das Tanz-Cafe dann nieder. Mein Vater hat es danach nie wieder aufgebaut.«

In kaum fünfzehn Minuten erzählt mir Mary ihre Familiengeschichte. »Der Highway hat uns alle immer gut ernährt«, sagt sie. »Bis dann 1958 die Interstate kam und wir vom Geschäft mit den Reisenden abgeschnitten wurden. Seither ist es still hier in Braidwood.« Mary Rossi Ogg blinzelt im Mittagslicht. »Ich habe noch eine ganze Menge alter Bilder, die ich Ihnen zeigen möchte«, sagt sie und kramt in ihrer Schublade.

Kleine Orte ziehen an mir vorbei — Godley, Braceville, Gardner, Dwight, Odell, Cayuga. Dörfer, die, wenn auch noch so klein, trotzig durchgehalten haben und besseren Tagen nachtrauern. Überall finden sich Spuren aus glorreichen Sixty-Six-Zeiten. Und mancherorts gibt es die alte Straße gleich mehrfach. Als Hauptstraße durch die kleinen Dörfer und als vierspurige Umgehungen, die dem anschwellenden Reiseverkehr der 50er Jahre Herr werden sollten.

Mit fünfzig Meilen pro Stunde kreuze ich durch den Mais- und Schweinestaat. Am zweiten Tag ist die Harley mein Zuhause geworden. Das Vibrieren des Motors und seine Hitze spüre ich unter mir wie den atemlosen Galopp eines Pferdes. Nichts ist vergleichbar mit dem Gefühl, endlich unterwegs und in Bewegung zu sein. Der Rausch der Einsamkeit streift mich schon am zweiten Tag meines Abenteuers.

Drei Generationen von Überlandleitungen folgen der Bahnlinie, die links der Route 66 verläuft: Die alten Holzmasten der Telegrafenleitungen sind zum Schutz vor Stürmen tief in die Erde gerammt. Funktion haben sie schon lange keine mehr, doch die Mühe, sie abzuräumen, hat sich niemand gemacht.

Über Odell, Pontiac, Chenoa, Lexington, Bloomington komme ich schließlich nach Shirley und Funk's Grove, einen kleinen Wald mit steinalten Ahornbäumen, die — wie ich später erfuhr — schon seit vielen Generationen von der deutschen Einwanderer-Familie Funk ihres Saftes wegen gemolken werden. Funk's Pure Maple Sirup (Funks reiner Ahorn-Sirup) steht auf einem Schild am alten Highway.

Wenige Meilen südlich von Lincoln liegt der kleine Ort Broadwell. Vor dem milchigen Himmel von Illinois leuchtet in der Abendsonne ein rotes Schild, auf dem in weißer Schrift steht: Home of the Pig-Hip-Sandwich. Die Tür zum Restaurant steht weit offen. Ein dicker alter Mann sitzt auf einem Drehstuhl und mustert mich, als ich auf einen der leeren Hocker an der Theke rutsche. »Wo kommen Sie her?« quillt es im breiten Amerika-

25

Divernon, Illinois.
Der Glanz ist ab. Die Neonschlangen sind tot. Doch die Farben sind geblieben. Art's Motel an der alten 66.

nisch des Mittelwestens zwischen den braunen Zahnstümpfen aus seinem Mund. Ich antworte brav. Der dicke Mann lacht. »Ich bin Ernie Edwards«, sagt er.

Als ich nach eingehender Lektüre der langen Speisekarte ein *Pig-Hip-Sandwich* bestelle, setzt Ernie seine Kochmütze auf und macht sich an die Arbeit. »Wissen Sie, warum wir nur den linken Schinken des Schweins für unser *Pig-Hip-Sandwich* verwenden?« ruft er unvermittelt durch die Küche. Ich schaue dumm. »Sie müssen jetzt fragen, warum?!« »Warum?« frage ich. »Weil Schweine das rechte Bein heben, um sich zu kratzen, wenn es sie irgendwo juckt«, sagt Ernie. »Das macht das Fleisch auf dieser Seite zäh. Deshalb überlassen wir die rechte Hälfte des Schweins der Konkurrenz.« Ernie Edwards schaut todernst und beginnt loszugackern wie eine alte heisere Henne. »Und wenn Sie das nicht glauben, denken Sie mal darüber nach. Wenn's Sie selbst juckt, welche Hand benutzen Sie?«

Generationen von Truckern und Route-66-Reisenden haben Ernies Witzen zugehört. »Am 16. Juni 1937 habe ich das *Pig-Hip* hier in Broadwell aufgemacht. 54 Jahre ist das jetzt her«, sagte er. »Zuerst hieß das Restaurant *Harbor Inn*, weil der Posten Tapetenrollen, den ich damals billig kaufen konnte, ein Muster mit Schiffen hatte. Eines Tages bestellte ein Farmer aus Broadwell ein Sandwich und wollte eine Scheibe von der *Pig-Hip* (Schweine-Schinken) drauf. Wie er das Wort *Pig-Hip* sagte, das gefiel mir«, sagte Ernie. »Am nächsten Tag ging ich zum Rechtsanwalt und ließ den Namen patentieren. *Pig-Hip* — ist das nicht phantastisch!«

Geholfen hat ihm dieser Name nicht, als die Interstate den Highway ersetzte und Broadwell vom dichten Verkehr abschnitt. Erst seit er und seine Frau Frances ein Schild an der etwa eine halbe Meile entfernten Interstate aufstellen ließen, kommen ein paar Neugierige zurück. »Die meisten konnten sich gar nicht vorstellen, daß es uns wirklich noch gibt.« Ernie Edwards setzt sich auf seinen Drehstuhl. »Gestern hatten wir Gäste, die 1941 auf ihrer Hochzeitsreise hier durchkamen«, sagt er. »Damals haben die Leute 15 Cents für das *Pig-Hip-Sandwich* bezahlt. Heute kostet es 2,65 Dollar.« Ernie dreht sich auf seinem Stuhl und wischt sich die Hände an der Schürze ab.

»Farbige wurden damals in den meisten Restaurants der Gegend überhaupt nicht bedient. Ich habe meine Türen für alle aufgemacht, und es gab eine Menge Streit deshalb. Wir hatten viele Weiße, die sich aufregten dar-

Litchfield, Illinois.
Hinter einem Fastfood-
Dschungel von Burger-King,
Taco-Bell, Pizza-Hut
und Kentucky Fried Chicken
ein Route-66-Klassiker: das
Ariston Cafe.

über, daß Farbige bei uns was zu essen kriegten. Ich hatte ein Schild im Restaurant mit der Aufschrift: *Wir behalten uns das Recht vor, alle unsere Gäste zu bedienen.* Die Leute fragten mich immer, was denn das zu bedeuten habe. Das heißt, jeder ist willkommen, habe ich immer gesagt.« Ernie nickt.

»Wissen Sie«, sagt er, und die dicke Brille rutscht ihm dabei in Richtung Nasenspitze, »nicht alle mochten die Sixty-Six. Es gab in Illinois und auch in Missouri ziemlich gefährliche Kurven und eine ganze Menge Unfälle. *Bloody 66* haben wir sie genannt oder einfach *the killer*«, erzählt der alte Mann, der zwei Frauen überlebt und eine dritte geheiratet hat. »Ob Sie es glauben oder nicht«, sagt er, »der Verkehr in den 40er Jahren war hier so dicht, daß diejenigen, die Richtung Norden nach Chicago fuhren, Schwierigkeiten hatten, auf unsere Seite rüberzufahren und zu parken«, erzählt Ernie Edwards.

Doch das ist lange Vergangenheit — seit drei Jahren versucht der alte Mann, sein Restaurant zu verkaufen, um sich endlich zur Ruhe setzen zu können — ohne Erfolg. »Und keines meiner zehn Kinder hat je Interesse daran gezeigt, ein Lokal am Ende der Welt weiterzuführen«, sagt er lachend.

Tom Snyder, Autor des Buches *Streckenpilot Route 66*, erzählte mir im Dezember 1991, daß Ernie sein *Pig-Hip* geschlossen hat und daß es keine Pläne gibt, das Restaurant wieder zu eröffnen.

Im Westen versinkt ein roter Feuerball im Dunst. Die Sonne halbiert sich in den Wolken am Horizont und verfärbt sich in ein schrilles Rosa. In den weiten Feldern steht der Mais. Vereinzelte Bäume, deren Konturen ich kaum ausmachen kann, sind die einzigen Erhebungen in der grenzenlosen Flachheit dieses Staates — und Wassertürme, die in jedem Ort wie phallische Fruchtbarkeitssymbole in die Dämmerung ragen.

Ein Flugzeug schwebt lautlos am Abendhimmel. Das metallische Sägen der Zikaden übertönt das tiefe, gleichmäßige Hämmern des V2-Motors meiner Harley. Es riecht nach Heu und Schweinen. Im Rückspiegel funkelt die Chromstoßstange eines einsamen Autos in den letzten Strahlen der untergehenden Sonne. *Rough Road* warnen die Straßenschilder. Sonnenuntergangs-Euphorie. Als die Nacht allmählich hereinbricht, spüre ich, wie die Straße die Hitze des Tages reflektiert. Glühwürmchen strahlen im Scheinwerferlicht des Motorrades.

Zwei Tage bin ich bereits *on the road*. »Ein schnelles Auto, eine Küste, die es zu erreichen galt, und eine Frau am Ende der Straße«, hatte Jack Kerouac in *Unterwegs* geschrieben. Nach zwei Tagen ist die Bewegung zu einer neuen Lebensform geworden. Die nächtlichen Stopps, die Unterbrechung der Bewegung irritieren mich mehr als die Schmerzen in der linken Schulter, die ich nur mit der Schwerstarbeit meiner Kupplungshand erklären kann. Route 66 ist ein Fluß, der mich in den Westen trägt — Huckleberry Finn auf einem schwarzen, stählernen Floß.

In Litchfield entdecke ich am nächsten Tag das erste grüne *Historic Route 66*-Straßenschild. Ein alter Abschnitt führt mitten durch die kleine Stadt. Hinter einem Fastfood-Dschungel von *McDonald's, Burger-King, Taco-Bell, Hardee's, Pizza-Hut* und *Kentucky Fried Chicken*, wie man ihn in seiner langweiligen Uniformität in den ganzen USA findet, entdecke ich direkt an der alten Straße ein Juwel: *Ariston Cafe* steht auf dem blauroten Neonschild.

Die schwere Tür in den kühlen Raum ist eine Zeitmaschine. Alte Männer haben sich aus der Sommerhitze an die quadratischen Holztische geflüchtet. Die Baseballmützen in den Nacken geschoben, sitzen sie auf den roten Polstern der Holzstühle stumm vor ihren Kaffeebechern, als sei alles bereits gesagt. Das Klingeln eines alten, schwarzen Telefons hallt durch den Raum. *Rockford*, denke ich, das Klingeln des Telefons klingt wie aus der alten amerikanischen Fernsehserie *Rockford*.

»Nick Adams«, sagt ein Mann mittleren Alters und reißt mich aus meinen Tagträumen von hartgesottenen Detektiven. »Ich bin der Besitzer des Ariston Cafe.« Lisa, die freundliche Bedienung, hatte ihren Boß gerufen, nachdem ich ihr zu viele Fragen über den Highway gestellt hatte. »Ich kann Ihnen alles über das Ariston Cafe und den Highway 66 in Illinois erzählen.« Wir setzen uns an einen der Tische. Lisa bringt uns zwei große Becher Kaffee. Über der geschnitzten Art-deco-Theke leuchtet ein mit rotem und grünem Neon verziertes Holzschild: *Remember where good food is served* (Erinnere dich, wo man dir gutes Essen serviert).

»Mein Vater Pete Adams hat das erste *Ariston Cafe* 1924 in Carlinville eröffnet. Als die Sixty-Six kam, witterte er ein gutes Geschäft und eröffnete 1935 das Ariston in Litchfield«, erzählt Nick Adams. »Viel verändert hat sich hier in mehr als einem halben Jahrhundert

Elkhart, Illinois.
Erhebungen von Menschenhand. Getreidesilos im unendlich flachen Maisstaat Illinois.

nicht«, sagt er und schaut in den Raum. »Es ist ruhig geworden, seit 1968 die Interstate hier gebaut wurde. Reisende kommen heute kaum mehr. Ich erinnere mich genau an die meilenlangen Staus, die wir hier draußen an den Wochenenden hatten, wenn die *Chicago Cubs* gegen *St. Louis Cardinals* Baseball spielten und die Fans zwischen Chicago und St. Louis pilgerten. Wir waren ein obligatorischer Stopp.«

Nick Adams hatte eigentlich ganz andere Pläne, als das *Ariston Cafe* weiterzuführen. »Aber 1965 bin ich schließlich aus Pittsburgh nach Litchfield zurückgekommen, weil mein Vater das Cafe allein nicht mehr schaffte. Es sollten eigentlich nur ein paar Jahre werden. Mittlerweile sind 25 daraus geworden. Und so schön dieses Cafe ist, an manchen Tagen möchte ich die Tür hinter mir zuschließen und nie wieder zurückkommen: Wenn der Koch mal wieder weggelaufen ist, und die Mädchen sich krank melden, und wir hier mal wieder ohne Kundschaft dasitzen ...«

So ist es wohl nur eine Frage der Zeit, bis auch dieses Relikt aus einem anderen Amerika nur noch ein Kapitel in der Geschichte des alten Highway 66 sein wird. Nick Adams nimmt einen Schluck aus dem Kaffeebecher und schaut aus dem Fenster: »Wenn Sie etwa fünf Meilen auf der Sixty-Six Richtung Mount Olive fahren, finden Sie am Ortsausgang die alte Shell-Tankstelle von Russell Soulsby. Besuchen Sie den Mann einmal, er ist ein Route-66-Original. Und er hat alles miterlebt. Vom Anfang bis zum Ende. Ich jedenfalls erinnere mich, wie ich als kleiner Junge zu Russell ging, um in seiner Tankstelle Süßigkeiten zu kaufen«, sagt Nick.

Nur die Zapfsäulen scheinen sich im Laufe der Jahre verändert zu haben. Als ich mit der *Softail* an der Tankstelle von Russell Soulsby halte, ist der alte Mann gerade damit beschäftigt, die gläsernen Shell-Muscheln auf die Lampen über den Zapfsäulen zu setzen. Die Tankstelle selbst ist ein kleines cremefarbenes Häuschen mit einem Vordach für Sonnen- und Regentage. Der kleine, schmächtige Mann steigt von der Leiter und schaut sich das Motorrad genau an. »Aus Deutschland«, sagt er staunend. Und winkt gleich ab, als ich nach Benzin frage. »Im Oktober hat uns die Umweltbehörde dichtgemacht. Unsere Tanks waren zu alt, und eine Investition von einer Viertelmillion Dollar hätte sich für uns nicht mehr gelohnt«, sagt er. »Seither repariere ich alte Radios und Fernseher.«

Litchfield, Illinois. »Viel verändert hat sich hier in mehr als einem halben Jahrhundert nicht.« Nick Adams, Besitzer des Ariston Cafe an der alten 66.

Litchfield, Illinois. In den 20er Jahren das erste Ariston Cafe an der Route 66 eröffnete: Pete Adams.

Broadwell, Illinois. »Die rechte Hälfte des Schweins der Konkurrenz gelassen.« Ernie und Frances Edwards vor dem Pig-Hip-Restaurant.

Mount Olive, Illinois. »Zugeschaut, als hier draußen die Sixty-Six gebaut wurde«, Tankwart Russel Soulsby und Schwester Ola.

Bis in den Herbst 1990 haben der 81jährige Russell und seine 79jährige Schwester Ola die Tankstelle, die ihr Vater William Henry Soulsby im Jahre 1926 eröffnet hatte, als Familienbetrieb weitergeführt. »Ich habe zugeschaut, als hier draußen die Sixty-Six gebaut wurde«, sagt er. »Dies hier ist ein Originalstück der ersten Route 66.« Russell zeigt mit seinem hageren Finger auf die Straße. »Die ganze Familie hat hier gearbeitet, wenn am Wochenende Hochbetrieb war«, erzählt Ola und zieht mich in einen Raum, der von Schrauben und Muttern in kleinen Pappschachteln überquillt. »Hier haben wir Mädchen Eiscreme, Brause, Süßigkeiten und Sandwiches verkauft, während mein Vater und mein Bruder draußen Benzin zapften«, sagt Ola, und Russell nickt.

»1945 wurde der Highway zum ersten Mal verlegt und vierspurig um den Ort herumgebaut. Ich erinnere mich genau daran, weil ich gerade aus Europa zurückkam, aus dem Krieg. Das war Weihnachten 1945. Aus dem alten Highway, der hier an unserer Tankstelle vorbeiführte, wurde plötzlich die South Route 66.« Seither hat Russell Soulsby vor allem die Einheimischen im Ort mit Benzin versorgt. Ein einsames Leben, wären da nicht die Route-66-Aficionados, die Russell Soulsby und seine Tankstelle wiederentdeckt haben. »Es gibt kaum einen Tag, an dem nicht jemand vorbeischaut, der auf der alten Sixty-Six fährt und sich ein wenig mit uns unterhalten will.« Der alte Mann zeigt mir ein öliges Schulheft, in das sich alle seine Gäste eingetragen haben, die zum Plaudern vorbeigekommen sind. »Sogar Japaner waren schon hier«, sagt Russell stolz. »Die haben uns gefilmt.« Doch Schwester Ola ist sich nicht ganz sicher, ob die Japaner nicht eigentlich aus Minnesota kamen. »Von weit her jedenfalls«, sagt Russell, und Ola hält sich die Hand ans Ohr, damit sie auch versteht, was ihr Bruder da erzählt.

Jahrzehntelang war Soulsbys Tankstelle sieben Tage in der Woche geöffnet. Seit ein paar Jahren haben die Geschwister sonntags geschlossen. Wenn Russell am Samstagabend in seinem schwarzen Oldsmobile über den Highway rollt und der blaue Mond die Schatten der Bäume auf den verwitterten Asphalt wirft, ist Russell wieder ein junger Mann. Der *Crystal Ballroom* ist in sol-

Mount Olive, Illinois. Schrottplätze erzählen amerikanische Automobilgeschichte. Alter Dodge an seiner letzten Ruhestätte.

chen Nächten sein Ziel. »Foxtrott, Rumba, Swing und Tango sind meine Lieblingstänze«, sagt er augenzwinkernd, »daran hat sich in fünfzig Jahren nichts verändert.«

Über Hamel und Edwardsville führt der Highway auf der *Chains of Rocks Road* an den Mississippi. Vorbei an einer monströsen Müllhalde und verseuchten Tümpeln, aus denen tote Bäume ragen, fahre ich, bis ein Erdwall mitten auf der Straße jedes Weiterkommen unmöglich macht. *Chains of Rocks* heißt die alte Route 66-Brücke im Westen von Mitchell, die hier den Mississippi überqueren soll. Ich parke die Maschine und mache mich auf dem zerrissenen Betonbelag, der links und rechts von Büschen eingewachsen ist, zu Fuß auf den Weg.

Wilder Wein rankt von den Eisenverstrebungen, die den blassen Mittagshimmel über dem *Big Muddy River* in strenge grafische Muster zerschneiden. Die Fahrbahn ist kaum sechs Meter breit und mit Graffiti beschmiert. *Nigger raus. Exodus. Raise Hell, Fuck You*, ist in verwaschenen Farben auf den Fahrbahnbelag gesprüht. Wie ein Artefakt aus einer nahen Urzeit spannt sich die *Chains-of-Rocks*-Brücke bis zur Mitte des Flusses, wo sie plötzlich in einem Knick von 45 Grad Richtung Norden ans westliche Flußufer führt. Seit den 60er Jahren liegt diese alte Route 66-Brücke brach. Nur im Jahr 1981 stand sie noch einmal im Scheinwerferlicht: In John Carpenters Thriller *Die Klapperschlange* (Escape from New York). Für den einäugigen Kurt Russell alias *Snake Plissken* wurde diese kuriose Highway-66-Brücke zum verminten Fluchtweg aus dem zum Gefängnis gewordenen Manhattan.

MISSOURI

Vorhergehende Seite:
Phillipsburg, Missouri.
Eine einsame Eiche fängt
die letzten Strahlen der
Sonne ein. Lichtrausch
im rollenden Hügelland
Missouris.

Bourbon, Missouri.
Kleinstadt-Nostalgie.
Straßenschild erinnert
an ein anderes Amerika.

Eiscreme und kleine Fluchten

Wie eine schaurige Zukunftsvision aus den 50er Jahren liegen im bleichen Dunst die stahlgrauen Industriegebiete von Granite City und Madison. Da die alten Route-66-Brücken *MacArthur* und *Chains of Rocks* stillgelegt sind, überquere ich den Mississippi auf der *McKinley*-Brücke. Mit metallischer Wucht hebt sich der spektakuläre Gateway-Bogen von St. Louis gegen den blauen Himmel — das Tor in den Westen. Rote Backsteinhäuser stehen entlang der Straßen, die erfüllt sind vom Surren der tropfenden Klimaanlagen und vom Hefe- und Hopfengeruch der Budweiser-Brauerei.

Vier Menschenschlangen stehen in der Mittagssonne vor einem kleinen Haus, von dessen Dachkante hölzerne, weißgestrichene Eiszapfen hängen. *Ted Drewes Frozen Custard* steht auf einem Neonschild, dessen Schrift bei Tage nicht leicht zu lesen ist. Der Name Ted Drewes ist Legende an der Route 66. Ted Drewes ist der Eiscremekönig von St. Louis.

Ein halbes Dutzend Teenager in grellgelben Polohemden nehmen Eisbestellungen mit rätselhaften Namen entgegen: *Malts*, *Sundaes*, *Shakes*, *Cones*, *Sodas*, *Floats*, *Splits* und *Concrete* — zu deutsch Beton —, eine Milch-Shake-Variation, die so dickflüssig ist, daß die Verkäufer ihre tropfsichere Qualität beweisen, indem sie die Becher erst einmal umdrehen, bevor sie sie durchs Fenster reichen.

Ted Drewes ist ein untersetzter Mann mit kariertem Hemd und deutschem Stammbaum. »Drewes«, sagt er, »klingt doch ziemlich deutsch, oder?« Der Mann lacht. »Wenn es stimmt, was mein Vater erzählte, dann war das erste Rezept, mit dem er angefangen hat, Eiscreme zu produzieren, einfach gräßlich. Aber Dad war ein Tüftler, und so hat er erst einmal das Milchpulver durch richtige Milch ersetzt, später ein wenig Sahne zugefügt und Eier. Und nach einigen Experimenten hatte er dann ein Rezept, mit dem wir auch heute noch Ted Drewes Frozen Custard herstellen.«

1929 eröffnete der Senior seinen ersten Eisstand und legte damit den Grundstein für eine Eiscreme-Dynastie, die zu einer Sixty-Six-Legende wurde. Ted Drewes

HIGHWAY 66

Cuba, Missouri.
»Ein Stück authentisches
Amerika.« Wagon Wheel
Motel an der Route 66.

St. Louis, Missouri. Stromlinien-Modernität für das automobile Zeitalter. Coral Court Motel.

Ein Art-deco-Klassiker an der Watson Road, eine Meile südwestlich der Stadtgrenze von St. Louis.

Lebanon, Missouri. Bunt sind die Schilder auf dem Weg nach Westen. Munger Moss Motel an der alten Route 66 in Missouri.

Junior, mittlerweile auch schon 63 Jahre alt, übernahm das Familienunternehmen und teilt sich heute die Verantwortung mit seinem Schwiegersohn Travis. Den zahllosen Angeboten aus der Nahrungsmittelindustrie, seine Produkte im Franchise-Verfahren wie McDonald's-Hamburger überall in den USA zu vertreiben, hat Ted Drewes ohne Mühe widerstanden. »Ich bin ein Eiscreme-Mann. Ich liebe Eiscreme. Ich denke Tag und Nacht darüber nach. Deshalb habe ich an mittelmäßiger Eiscreme kein Interesse. Und das kommt dabei heraus, wenn man sich auf Manager verläßt und ins große Geschäft einsteigt. Meine Eiscreme ist deshalb so gut, weil sie mein Lebensinhalt ist«, sagt er, während ich an einem Concrete Fudge lutsche. »Wir jedenfalls sind Geschichte. *Ted Drewes Frozen Custard* ist eine Route-66-Institution.«

Der Highway 66 in St. Louis hat viele Namen: Chouteau Avenue, Tucker Street, Gravois Avenue und Chippewa Street. Als Watson Road führt er schließlich aus St. Louis in die Vororte. In Marlborough, etwa fünf Meilen südwestlich der Stadtgrenze von St. Louis, entdecke ich im Schatten eines Eichenwäldchens den *Coral Court*, ein stromlinienförmiges Art-deco-Motel, dessen Ruf weit über die Staatsgrenzen von Missouri Legende ist.

Mit den geschmeidig runden Ecken, den gelben Wandfliesen und den pyramidenförmig in die Wände eingezogenen Glasbausteinen ist das fünfzig Jahre alte *Coral-Court*-Motel ein Klassiker der Moderne. Ein Symbol der ersten Blüte des automobilen Zeitalters von surrealer Schönheit. Schwarzglänzende Asphaltsträßchen führen durch das Labyrinth der Anlage. Geparkte Autos kann man nirgendwo sehen. Sie verschwinden in Garagen, die den Zimmern und Suiten angegliedert sind. In St. Louis kennt man das *Coral-Court*-Motel seit jeher als diskreteste Herberge für eine Sünde am Nachmittag. Von seiner Faszination hat das Gebäude, das in seinen besten Zeiten Wochen im voraus ausgebucht war, nichts verloren. Doch kann ich die Gäste, die heute hier übernachten, an einer Hand abzählen. Denn vom Durchreiseverkehr sieht die Watson Road in Marlborough heute nicht mehr viel.

Halltown, Missouri.
Land aus Western-
legenden. Jesse James
und die Younger-Brüder
haben diese Region des
Bundesstaates unsicher
gemacht.

Auf meiner Suche nach einer Harley-Werkstatt, die
mir das Öl auf die Schnelle wechseln kann, lande ich in
Kirkwood, einem Vorort von St. Louis. Die Mechaniker
sind grauhaarige Männer mit langen Haaren aus einer
Zeit, als der Ritt auf der Harley noch das Abenteuer des
Vogelfreien war. Sie helfen mir auch ohne telefonische
Voranmeldung weiter. Als ich mich bei Chuck, einem
Mechaniker mit einer roten, verschwitzten Bandana um
die Stirn, über das Rattern der Maschine im dritten und
vierten Gang beklage, lacht er nur. »Das ist deine erste
Harley, was?« sagt er und grinst breit. »Das *ist* der Sound
der Maschine im Dritten und Vierten. Kein Grund zur
Sorge. Wenn dich das Geratter nervt, mußt du in den
Fünften schalten. Dann läuft der *Scooter* sanft wie ein
Baby.« Chuck überzeugt mich auch davon, daß es kei-
nen Sinn macht, in der Hitze weiter in der Lederjacke zu
fahren. Als ich schließlich wieder in Bewegung bin,
spüre ich zum ersten Mal den Fahrtwind auf meinem
Oberkörper.

Schon kurz nach St. Louis öffnet sich gen Westen das
weite, rollende Hügelland der *Ozarks*. Es riecht nach fri-
schem Gras und Heu. Die Temperaturveränderung kann
ich in der Abenddämmerung von Lichtung zu Lichtung
spüren. Hier draußen herrscht Stille. Nur das gleichmäßige Hämmern des Motors und das rhythmische Sägen
der Grillen begleiten mich auf meiner Fahrt.

Eureka, Pacific, Gray Summit, Stanton und Sullivan
heißen die letzten Orte, die ich an diesem Tag hinter mir
lasse. Als ich am Abend von der Maschine steige, habe
ich vergessen, wie es ist, sich auf andere Weise fortzube-
wegen. Das erste Bier brennt auf meinen Lippen. In
einem Traum sehe ich das Motorrad aus der Perspektive
eines Helikopters. Immer kleiner wird die Maschine, bis
ich schließlich nur noch einen schwarzen Punkt erkennen kann, der gleichmäßig über die Landkarte des amerikanischen Kontinents gleitet.

Route 66 in Missouri — das sind 300 Meilen Straße,
die den Bundesstaat diagonal in südwestlicher Richtung
von St. Louis bis in die Hochebene südwestlich von
Springfield durchqueren. Der alte Highway folgt hier
einer alten Postkutschen-Route, die in der Mitte des
vergangenen Jahrhunderts etabliert wurde und davor
bereits als *Osage Trail* einer der Hauptverkehrswege der
Indianer war. Während des amerikanischen Bürgerkrie-
ges wurden entlang dieser Strecke die ersten Telegrafen-
stationen gebaut, und die Strecke bekam den Namen
Old Wire Road.

35 Cents bezahle ich am nächsten Morgen für einen
Becher Kaffee im Route-66-Cafe von Bourbon. Eine
freundliche Serviererin, die die Initialen C. M. auf
ihren Arm tätowiert hat, bringt mir das obligatorische
amerikanische Frühstück: Eier, Speck und *Hashbrowns*,
Kartoffel-Rösti, deren intensiver Ölgeschmack mich für
Stunden nicht verläßt. Die Zeit ist stehengeblieben in
Bourbon. Auch die Hauptstraße hat ihren alten Namen
behalten: *Old Route 66.*

Über Cuba, einen Ort mit einem Schrottplatz voller
hübscher Autowracks aus den 50er und 60er Jahren,
führt die Sixty-Six im Südwesten durch das Weinland
von Missouri. *Das kleine Italien* haben die ersten Siedler
— Weinbauern aus Italien — die Gegend um Rosati und
St. James genannt. Am Straßenrand stehen vereinzelte
Stände mit Bergen von roten Trauben. Martin Springs,
Doolittle, Newburg und Hooker heißen die Siedlungen,
durch die die Sixty-Six in dieser Region führt. Denn
mehr als das sind die Ansammlungen von Holzhäusern
und Wellblechhütten oft nicht.

In der Nähe von *Devil's Elbow* (Des Teufels Ellenbogen) fahre ich auf einer breiten, zweispurigen Straße, die
als letzte modernisierte Version des Highway 66 erst im
Jahr 1981 von der Interstate 44 ersetzt wurde. Es ist eine
gespenstische Fahrt auf einer autobahngleichen Schnell-
straße, auf der mir lange Zeit kein Fahrzeug begegnet.
Kurz vor dem *Big Piney River* entdecke ich eine frühe
Route 66, die über eine verrostete Stahlbrücke aus dem
Jahr 1923 über den Fluß direkt in den Ort führt.

Einen jungen Vater, der mit seinen Söhnen gerade aus
den Fluten des Flusses steigt, frage ich nach dem unge-
wöhnlichen Namen des Ortes. »Das ist ganz einfach«,
antwortet er, und seine drei kleinen Söhne reden alle
zugleich auf mich ein. »Die Holzfäller kamen hier mit
ihren Stämmen den Fluß hinunter, und in dieser engen
Biegung blieben viele Baumstämme hängen. Es gab eine
Menge tödliche Unfälle. Und so hieß diese Biegung des
Big Piney River bald *Des Teufels Ellenbogen.* Auch den
Reisenden auf der Sixty-Six war diese Ecke hier ein
Greuel. Zu viele Kurven und zu viele Karambolagen.«

Waynesville, Buckhorn, Hazelgreen — durch die
traumhaften Wälder des Mark-Twain-Nationalwaldes
fahre ich auf der Country Road W vorbei an kleinen
Gemeinden durch idyllisches Farmland Richtung Lebanon. Die Landschaft wird zum endlosen Film. In diesem
Teil Missouris ist die Sixty-Six oft nicht leicht zu finden.
Doch alte Leute helfen mir bereitwillig mit richtigen und

East St. Louis, Missouri. »Wie ein Artefakt aus einer nahen Urzeit . . .« Die seit den 60er Jahren stillgelegte Chains of Rocks-Brücke, die sich in einem 45-Grad-Knick über den Mississippi spannt.

falschen Wegbeschreibungen weiter. Ihre Augen leuchten, wenn ich nach der alten Straße frage. Für die meisten Jungen ist der Highway Teil einer Vergangenheit, die sie kaum mehr interessiert. Und es scheint, als ob diese Straße, die das Gesicht Amerikas so nachhaltig geprägt hat, nicht nur von der Landkarte, sondern auch bereits aus der Erinnerung vieler Menschen verschwunden ist.

In Springfield, der *Queen City der Ozarks*, flüchte ich mich vor einem Wolkenbruch, der die Straßen in reißende Ströme verwandelt, in ein *Holiday Inn*. Hunderte von Motels aller landesweiten Ketten haben sich in der Ausfallstraße zur Interstate breitgemacht: *Days Inn, Quality Inn, Super Eight, Scottish Inn, Super 6 Motel* heißen die standardisierten Bett-Stätten eines Volkes, das ständig in Bewegung ist.

In einer Kneipe komme ich über einem blutigen Steak mit Tom ins Gespräch, in dessen Gesicht die Jahre tiefe Spuren gegraben haben. »Seit es die Holiday Inns und die anderen Franchise-Ketten hier gibt, haben die alten Motels fast alle dichtgemacht. Das *Cordova*, das *Lone Star* oder das *Snow White*. Niemand will mehr ein Risiko eingehen. In einem *Holiday Inn* weiß man genau, daß es in Chicago aussieht wie in Amarillo.« Recht hast du, denke ich, mir ist es genauso gegangen. Auch ich habe mich, ohne nur einen Augenblick darüber nachzudenken, in einem *Holiday Inn* eingemietet.

»Und so verlieren wir jeglichen individuellen Charakter«, fügt Tom hinzu. »Amerika, das große Land der Individualisten und Freigeister, sieht allmählich überall gleich aus. Mit den Fastfood-Restaurants ist es genauso. *McDonald's, Wendy's* und *Burger-King* im ganzen Land — die Leute essen überall dasselbe.« Tom nimmt einen Schluck aus seinem Krug.

Je später die Nacht, desto spannender werden seine Geschichten: »Mitte des letzten Jahrhunderts war Missouri die Heimat aller Gesetzlosen. Jesse und Frank James, die Younger-Brüder, Charlie Pitts und James Butler Hickok, den man aus den Geschichtsbüchern als Wild Bill Hickok kennt. Sie alle haben sich hier in den Ozarks herumgetrieben«, erzählt er, und der Schaum eines frischen Biers tropft ihm dabei vom grauen Bart. An einer dunklen Wand am Ende des Raums leuchtet Spuds, der weiße Neon-Hund der Budweiser Brauerei.

»Nicht weit von hier, draußen auf dem Marktplatz, kam es zum Duell zwischen Wild Bill Hickok und Dave Tutts. Das Ganze hatte mit einem Streit um ein Poker-

spiel begonnen. Tutts hatte Hickok vorgeworfen, daß er seine Spielschulden nicht bezahlt habe, und nahm ihm seine goldene Uhr ab.« Tom lacht. »Was passierte, war vorprogrammiert. Hickok drohte Tutts, daß er ihn erschießen würde, sollte er die Uhr wirklich in der Öffentlichkeit tragen.«

Tom hat sich tief in die Vergangenheit von Missouri geredet. Aus der Jukebox dröhnt ein melancholischer Country-Song. *Well I know I've done you wrong, didn't take me long, it's an easy ride from good times to the blues — I've been drivin' hard — my wheels call your name*, klingt eine hohe Männerstimme durch die dunkle Kneipe.

Das Licht über der Bar wirft feine Schatten in Toms faltiges Gesicht. »Am nächsten Tag, es war der 21. Juli gegen sechs Uhr, die Sonne stand bereits tief, passierte es dann. Es war ein windstiller Abend. Auf dem Marktplatz herrschte Totenstille. Dave Tutts zog als erster. Im Bruchteil einer Sekunde feuerte auch Wild Bill Hickok. Tutts verfehlte Wild Bill nur knapp. Wild Bill traf Tutts mit einem einzigen Schuß mitten durchs Herz. Als ginge ihn das alles kaum was an, spazierte er quer über den Marktplatz auf den leblosen Körper von Tutts zu und nahm ihm die goldene Uhr ab. Am 5. August wurde Wild Bill freigesprochen, die Geschworenen hatten auf Notwehr erkannt. Irgendwann hat er sich dann sogar mal um den Posten eines Marshalls in Springfield beworben. Aber das hat nicht geklappt.« Tom streicht sich die strähnigen Haare aus dem Gesicht.

Am nächsten Morgen breche ich auf, bevor der erste Sonnenstrahl die Erde von Missouri berührt. Über mir spannt sich der blaue Himmel der frühen Dämmerung, in dessen westlichen Horizont ein Maler dicke rosafarbene Pinselstriche gebürstet hat. Wie wenig doch das Land von Jesse James und Cole Younger dem Wilden Westen von John Ford gleicht, dessen Bilder durch meine Phantasien von Amerika geistern. Viel mehr erinnert Missouri hier im Südwesten des Bundesstaates an eine monumentale Ausgabe der holsteinischen Schweiz.

Über Halltown, Albatross, Phelps und Rescue windet sich die erste Version des Highway um die State Road 96. Die Orte entlang der ausgeschlagenen Straße sind nur Schatten dessen, was sie einmal waren — kleine Ansammlungen von Wellblechhütten, Wohnwagen und Holzhäusern. In Avilla sitzt ein alter Mann in einem Gartenstuhl vor einer amerikanischen Flagge und starrt auf die Straße, auf der nichts mehr passiert. *Bullen zu*

Devil's Elbow, Missouri. »Blutige 66«, Todeskurve, die Generationen von Amerikanern in Angst und Schrecken versetzte.

verkaufen steht auf einem Holzschild, das an einen Zaunpfahl genagelt ist, *Flats Fixed — Platte Reifen repariert —* an einer verrosteten Wellblechhütte, die mit einer schweren Eisenkette verschlossen ist. Über den Feldern liegt der Morgentau.

Die letzte Stadt vor der Grenze nach Kansas heißt Joplin — ein Ort voller Autofriedhöfe, trostloser Motels und Franchise-Restaurants. Als *Main Street* und *7th Street* kreuzt die Route 66 durch die Stadt. *Tophat Diner, Dutch Village Motel* und *Dixie Lee's Dine and Dance Bar* heißen die alten 66-Etablissements entlang der Hauptstraße.

Fasziniert von den verblaßten Schildern, die in den dunkelblauen Himmel ragen, steige ich für einige Fotos von der Maschine. Westlich von Joplin, im Niemandsland zwischen Missouri und Kansas, steht ein Schild am Rande der Straße: *Old Route 66, next right.*

Lebanon, Missouri.
Kleinstadtidyll am alten
Highway. Motels an
einer Perlenschnur auf-
gereiht – für Reisende,
die es nicht mehr gibt.

KANSAS

55

Vorhergehende Seite:
Galena, Kansas.
Amerika im Kopf.
Mythen des Alltags im
Großformat.

Galena, Kansas.
Nur die Farben sind
geblieben. Vernagelte
Fenster verlassener Ge-
schäfte an der Route 66.

Baxter Springs, Kansas.
West 66. Die Sonnen-
blume als Erkennungs-
zeichen.

Ein halber Morgen Hölle

Der Mittelstreifen ist lange verblaßt, die zweispurige
Fahrbahn in vielen Teilen gerissen. Aus den Spalten am
Fahrbahnrand wächst Gras. Ich spüre die Geschichte
unter den breiten Reifen des Motorrads, als ich durch die
Mondlandschaft der stillgelegten Zink- und Blei-Minen
dieser Region fahre.

Aus mehr als 1400 Schächten wurden in der südösli-
chen Ecke von Kansas in den 20er Jahren Blei, Kadmium
und Zink gefördert. Doch der Reichtum der Region ist
dahin. Geblieben sind ein Labyrinth von unterirdischen
Gängen und Halden giftigen Geröls. Die Region ist ein
ökologisches Katastrophengebiet. Die Krebsrate in der
Bevölkerung doppelt so hoch wie im Rest Amerikas.
Hell's Half Acre — ein halber Morgen Hölle — heißt die
Gegend um Galena, wo auch mehr als zwanzig Jahre
nachdem die letzte Schwermetall-Schmelze schloß,
nichts wachsen will. Die Stadt Galena schrumpfte im
Laufe der Jahre von 15000 auf 4000 Einwohner. Und
die berüchtigten Spielhöllen, Saloons und Hurenhäuser
des kleinen Ortes verschwanden so schnell wie die Berg-
arbeiter, die die Region fluchtartig verließen.

Etwa zehn Meilen vor der Stadtgrenze von Baxter
Springs steht ein großes, rotes Schild: *Howdy Friend,
Your're Entering Baxter Springs, First Cow Town in Kansas*
(Servus Freund, du betrittst Baxter Springs, die erste
Rinderstadt in Kansas) steht darauf. Baxter Springs ist
ein Ort mit langer Geschichte. Denn als Siedlung existierte es bereits, als Häuptling Black Dog und seine
Osage-Krieger noch die Region unsicher machten. 1886
wurde aus Baxter Springs eine richtige Wildwest-Stadt
mit allem, was dazu gehörte: Öffentliche Hinrichtun-
gen, Schießereien und Schlägereien waren an der Tages-
ordnung. Erst als die Cowboys aus Texas ausblieben und
ihre *Longhorn*-Rinder weiter im Westen nach Norden
trieben, wurde es ruhig in Baxter Springs. So ruhig, daß
der Ort sich dank einer Heilquelle als Kur-Erholungszen-
trum anpries, um zu überleben. Doch als die Bergbau-
Gesellschaften mit der Erschließung der Region begannen, verblaßte die Attraktivität dieses Kurortes schnell.

Jesse James und Cole Younger erleichterten im Jahre
1876 in Baxter Springs eine Bank um 2900 Dollar. Den
vom Sheriff organisierten Suchtrupp entwaffneten die
Banditen sieben Meilen südlich der Stadt so elegant, daß
kein einziger Schuß fiel und niemand verletzt wurde.
Eine Geschichte, die auch heute noch jeder kennt in
Baxter Springs.

Nur etwa 20 Meilen verläuft die Route 66 durch Kansas. Dann bin ich im Indianerstaat Oklahoma, in dem
einst die Choctaw-Indianer lebten. *Okla Homma* hieß in
ihrer Sprache »rote Menschen« — so rot wie die Erde
ihres Landes.

FOR USE AS A
MOTOR FUEL ONLY
**CONTAINS
LEAD**
(TETRAETHYL)

OKLAHOMA

Vorhergehende Seite:
Alanreed, Texas.
Erinnerungen an bessere
Zeiten. Alte Zapfsäulen
am Highway 66.

Texola, Oklahoma.
»There's no place like
Texola close to here, so
this must be the place.«

Land der roten Menschen

In weiten Kurven und langen Geraden folgt der alte Highway in Oklahoma den Konturen der Landschaft, als sei er schon immer ein Teil von ihr gewesen. *Historic Route 66* steht auf den Schildern entlang der alten Straße, die hier überall ausgeschildert und leicht zu finden ist. Die Hitze liegt selbst am Abend noch drückend über dem Land.

Etwa eine Meile von Quapaw entdecke ich in einer Kurve die Ruine eines Diners im Abendlicht. Hinter den eingeschlagenen Fenstern verbergen sich auf den ersten Blick nur Schutt und Gerümpel. Doch mit jeder Minute, die ich hier verbringe, erwacht die Ruine mehr zum Leben.

Ich stelle mir vor, wie eine blonde Serviererin mit einem Tuch über den Tresen wischt, das sie schon viel zu lange für diese Arbeit benutzt. Und ich stelle mir vor, wie sie auf einen jungen Fernfahrer wartet, der jeden Donnerstag hier in Quapaw haltmacht. Ich stelle mir vor, wie er die Tür öffnet und sich an den Tresen setzt. Wie ihr Herz zu rasen beginnt und wie sich die Blicke der beiden treffen, für einen Moment, der ein kleines bißchen zu lange dauert. Und ich stelle mir vor, wie er vom Land im Westen erzählt: von Texas, New Mexico, Arizona und Kalifornien. Und ich stelle mir vor, wie die Augen der blonden Serviererin dem LKW voller Sehnsucht folgen, wie er auf dem Highway immer kleiner wird und schließlich in der Ferne kaum mehr zu erkennen ist.

Eine Brise streicht durch die Bäume, die um den ausrangierten Eisenbahnwaggon gewachsen sind. Auf einem roten Holzschild im Dickicht steht in weißer Schrift *Cafe*. Nur wenige Meter daneben führen vier blaßrote Betonstufen ins Nichts. Ruinen aus einer Zeit, die so nah scheint und doch so fern ist. Die Menschen sind lange gegangen. Die Natur erobert sich das Land zurück, und die Spuren derer, die hier einmal lebten, verwischen Jahr um Jahr mehr.

Food and Beer, Buy one get three free steht auf Schildern am Rande der Straße. Verwitterte hölzerne Projektionswände von Autokinos, die schon lange keine Filme mehr zeigen, ragen in den Nachmittagshimmel.

Kirchenhäuser aus allen nur erdenklichen Materialien stehen in den kleinen Orten und auf den grünen Wiesen. Oft sind es nicht mehr als improvisierte Hütten aus Wellblech oder Holz. Die Zahl der Sekten scheint unerschöpflich, genau wie die Phantasie der Gläubigen bei ihrer Namensgebung: *Disciples of God, The First Advent of Christ, First Church of Christ, Assembly of God, Pentacostal Church of God, Southeast Church of Christ, First Freewill Baptist Church, Christian Fellowship, Presbytarian Church, Church of God, Tabernacle Church.*

Commerce und Miami — das keine Ähnlichkeit mit Floridas exotischem Urlaubsparadies hat —, Afton, Vinita und Chelsea heißen die kleinen Orte auf meinem Weg nach Westen. Oft ist nichts geblieben als ein schöner Name auf der Landkarte. Den Ort *Busyhead*, der einmal nach einem Cherokee-Häuptling benannt wurde, kann ich nirgendwo mehr finden.

Ein blasser Mond hängt im hellen Blau des westlichen Himmels. Silhouetten von Ölbohrtürmen und Kühen sind wie Aquarelle schwach in den Dunst gemalt. Nur die Erde leuchtet blutrot. Ein alter Lastwagen steht im grünen Gras, die Ladefläche zu einer Kanzel umfunktioniert. Auf Klappstühlen sitzen die Menschen und hören die Worte des Predigers, die verzerrt durch die zerschlissene Stoffbespannung der alten Lautsprecher plärren. *Time to see the Lord*, schreit er in sein Mikrofon und reckt die Arme ekstatisch in den Himmel. Auf der anderen Straßenseite beugt sich eine Frau im Morgenmantel und mit Lockenwicklern im Haar aus dem Fenster ihres Wohnwagens. Auf einem grünen Sofa, das vor dem Trailer im Freien steht, sitzt ein Spitz und lauscht den Worten, die der Wind über die Straße trägt.

Oklahoma ist das Land des Folksängers Woody Guthrie und des legendären Bankräubers Pretty Boy Floyd, das Land aus John Steinbecks *Früchte des Zorns* und die eigentliche Geburtsstätte der Route 66. Denn der Vater des Highway war ein Mann aus Tulsa: Cyrus Stevens Avery (1871–1963), ein Versicherungs- und Immobilienmakler, dessen Passion gute Straßen waren, seit er in seiner Jugend mit dem Planwagen von Pennsylvania nach Oklahoma gekommen war. Avery war Mitglied jedes Vereins, in dessen Namen das Wort Straße oder Highway zu finden war, und wurde im Jahr 1921 zum Präsidenten der *Associated Highway Associations of Ame-*

Tulsa, Oklahoma.
»Apple-pie mit Vanille-
eis.« Metro Diner an
der Route 66. Sehn-
sucht nach Corvette
und Petticoat.

rica gewählt. Die Vision dieses Mannes war eine Straße, die nicht an Gemeindegrenzen endete, eine National-straße, die die Metropolen Chicago und Los Angeles miteinander verbinden sollte. Eine prophetische Vision, die nach Jahren mühevoller Arbeit Realität werden sollte.

Am 11. November, einem Donnerstag im Jahr 1926, wurde der Highway 66 von Chicago nach Los Angeles offiziell bestätigt — nach fünf Jahren mühevoller Über-zeugungsarbeit von seiten Averys. Die Namensgebung hatte dabei zu heftigeren Kontroversen geführt als die eigentliche Planung der Strecke. Nach einigem Streit um die Zahl 60, die die Staaten Kentucky und Virginia bereits für sich beansprucht hatten, einigte man sich schließlich auf die magische Zahl 66. Auf Broschüren, Post- und Landkarten hieß die Route 66 bereits *Main Street of America*, als sie in vielen Abschnitten eine noch unbefestigte Schotterstraße war und in manchen Teilen nur mit Ziegeln und Holzplanken belegt. Nur etwa 800 Meilen waren 1926 wirklich befestigt. Dort wo der High-way im Laufe der Jahre betoniert wurde, einigte man sich schließlich sogar auf einen Bau-Standard. Die beiden Spuren sollten je neun Fuß (2,70 Meter) breit sein, und die Betonplatten, die vor Ort gegossen wurden, mußten eine Stärke zwischen 15 und 25 Zentimetern haben — abhängig vom Untergrund, auf dem sie verlegt wurden. Es sollte zwölf Jahre dauern, bis der Highway schließlich auf seiner ganzen Länge befestigt war.

Die Bedeutung guter Werbung war den Gründervätern der Route 66 schon bewußt, da existierte die Sixty-Six als befestigte Route noch kaum. Um die neue Straße in ganz Amerika bekannt zu machen, schrieben Avery und seine Kollegen mit Hilfe des Sport-Promoters C.C. Pyle ein transkontinentales Super-Marathon aus. Ein Rennen auf der Route 66, von L.A. nach Chicago und von Chicago nach New York — 3 422 Meilen durch Amerika. 25 000 Dollar war das Preisgeld für den Sieger.

Am 4. März 1928 gingen 275 Läufer, die 100 Dollar Startgeld bezahlen mußten — ein für diese Zeit enormer Betrag —, in Los Angeles an den Start. Am Ende des ersten Tages hatten bereits 77 Läufer aufgegeben. Hüh-neraugen, Hitze und Erschöpfung ließen das Feld in der kalifornischen Mojave-Wüste weiter schrumpfen. In Texas schließlich übernahm der 20 Jahre alte Andrew Hartley Payne die Führung des Feldes. Payne, ein Bau-

ernjunge aus Foyil, Oklahoma, war zur Hälfte Cherokee-Indianer und nie in seinem Leben ein Rennen gelaufen. Dennoch war er es, der 87 Tage später in einer Laufzeit von 573 Stunden in New York als erster durch die Zielli-nie ging.

Zu Hause in Oklahoma wurde Payne als Volksheld gefeiert. Die Gründerväter des Highway waren zufrie-den, nicht nur weil ein Junge aus Oklahoma das Rennen gewonnen hatte, sondern vor allem, weil der neue High-way 66 plötzlich in aller Munde war.

Ein blaßblauer Wal liegt müde in einem Tümpel unweit von Catoosa. Vom eingefrorenen Lachen seines Riesen-mauls blättert die Farbe. Seine freundlichen Augen star-ren ins Nichts — ein skurriler Anblick. Ich parke die Maschine, um mir den Wal aus der Nähe anzuschauen. Sanddornbüsche haben den Maschendrahtzaun und die leeren Gebäude auf dem Gelände unweit der Straße überwuchert. *Eintritt verboten* steht auf einem Schild über dem Eingang. Als ich dennoch durch das offenste-hende Tor auf das Grundstück gehe, werden die Dro-hungen konkreter, mit jedem Schritt, den ich weiter auf das Gelände setze. *Bleib draußen oder du frißt Blei, Gefahr! Mach keinen Fehler! Bleib draußen, du könntest erschossen werden!* Als ich mich umdrehe, starre ich in den Lauf einer Schrotflinte. »Was willst du«, fragt ein junger Mann am anderen Ende des Laufes. Mein Interesse an diesem verfallenen Freizeitpark scheint ihn zu amüsie-ren. »Paul Davis«, sagt er abrupt und schüttelt mir die Hand. »Das alles ist das Werk meines Großvaters Hugh«, sagt er. »Eines Nachts hat er von einem blauen Wal geträumt. Den hat er dann mit eigenen Händen gebaut und meiner Großmutter Zelta zum Geburtstag geschenkt. Das war Ende der 60er Jahre.« Paul führt mich durch das Grundstück. »Tausende von Kindern sind von der Flosse des Wales ins Wasser gesprungen«, sagt er. »Der blaue Wal von Catoosa war eine Attrak-tion. Viele Route-66-Reisende haben hier für ein Pick-nick haltgemacht oder um sich im Wasser zu erfrischen. In den Gebäuden draußen hatten wir Alligatoren und alle Arten von Schlangen — in einer der Gruben lebten bis zu 400 Klapperschlangen. Das ganze war eine Art Reptilienzoo. *Nature's Acres* nannte mein Großvater die Anlage. 1983 haben wir zugemacht. Es hat sich einfach niemand mehr dafür interessiert. Seither verrottet hier alles.« Durchs Maul spazieren wir in den Bauch des Wales zu den Wasserrutschen. »Eigentlich ist es schade

Claremore, Oklahoma. Älter als der Marlboro-Mann: Neoncowboy auf dem Schild des Round-Up Motels.

drum«, sagt Paul. »Vielleicht sollte ich den alten Kerl eines Tages wieder auf Hochglanz polieren.«

Hier draußen auf einem windigen Teil des Highway in der Nähe von Tulsa soll auch die Benzinmarke *Phillips 66*, die in Amerika heute noch verkauft wird, zu ihrem Namen gekommen sein. Über Monate hatten sich die Manager von *Phillips Petroleum* auf keinen Namen für ihr neues Produkt einigen können. Die Wissenschaftler, die den Treibstoff entwickelt hatten, schlugen 66 vor, weil das Benzin ein hohes spezifisches Gewicht hatte. Die Werbeabteilung wünschte sich den Namen 66, weil die Raffinerie in der Nähe des Highways stand. Die Manager überzeugte beides nicht. Daß das neue Phillips-Produkt schließlich doch noch auf den Namen 66 getauft wurde, hatte dann einen ganz anderen Grund: Auf dem Weg zu einer Firmenkonferenz fiel John Kane, einem der Top-Manager von Phillips Petroleum auf, wie schnell sein Fahrer Salty Sawtell Richtung Tulsa fuhr: »Wir fahren wohl fast 60 mit dem neuen Benzin«, soll Kane gesagt haben. »60? Wir fahren 66«, antwortete Salty Sawtell. Öl-Tycoon Frank Phillips gefiel die Geschichte, die ihm Kane erzählte, und der Name *Phillips* 66 war geboren.

In Tulsa selbst ist der Highway heute nur schwer zu finden. Als elfte, zwölfte und zehnte Straße führt er durch die Stadt. Die Restaurants und Motels, die einst hier blühten, sind verfallen und in einem traurigen Zustand. Opfer der Interstates und Expreßways, die Tulsa heute durchkreuzen und die Reisenden an der eigentlichen Stadt vorbeiführen. Die alten 66-Motels, die überlebten, werben heute mit Wasserbetten und Sexfilmen. Bewohnt werden sie von Prostituierten und Heimatlosen, die ihre Miete in wöchentlichen Raten bezahlen.

An einer Kreuzung nur wenige Meilen hinter Sapulpa teilen sich der *Old Highway* 66 und der *Highway* 66 — ein Kuriosum, wie ich es bislang auf meiner Reise nirgendwo entdeckt habe. Auf dem *Old Highway* 66 überquere ich eine alte genietete Stahlbrücke, deren Belag aus roten Ziegelsteinen besteht. Nach wenigen Meilen führt der *Alte* Highway 66 zurück auf den Highway 66.

Überall kann ich hier kleine Abschnitte der ersten Sixty-Six finden. Meist sind Holzmasten der alten Überlandleitungen oder Schneisen, die einmal in die Wälder geschlagen wurden, die besten Indizien für ein Stück überwucherten Asphalts in unmittelbarer Nähe.

Durch die Betonplatten der Fahrbahn zieht sich ein Netz von tausend Rissen, aus denen Gräser und kleine Sträucher gebrochen sind. Ich spüre den müden Puls der Vergangenheit, als ich hier ein paar hundert Meter zu Fuß Richtung Westen gehe. Hinter den Hitzereflexionen auf dem Beton kann ich die Jahre des *Dust Bowl* vor meinem geistigen Auge sehen.

Schwarze Staubstürme fegten Mitte der 30er Jahre über Oklahoma, Texas, Arkansas, Kansas und Colorado und rissen nach Jahren der Dürre mehr als 300 Millionen Tonnen fruchtbare Erde mit sich – die erste moderne Ökokatastrophe in der Geschichte der USA. Jahre der Trockenheit und überholte Anbaumethoden hatten das Land verwüstet. Im Februar 1934 begann der Wind zu blasen, und im April erhob sich eine gigantische schwarze Staubwolke aus den Feldern des östlichen Colorado und begann ihren zerstörerischen Weg Richtung Süden. Menschen, die diese Stürme erlebten, berichteten von totaler Dunkelheit – Dunkelheit, die über Stunden andauerte, nachdem der Sturm bereits weitergezogen war. Tausende verschanzten sich in Kirchen und warteten auf das Jüngste Gericht. Der Sturm hinterließ tote Vögel und tote Hasen und Verwehungen von mehr als zwei Metern Höhe.

Ein ganzes Jahr lang fegten die Staubstürme über die *Plains*. An den Farben erkannten die Menschen den Ort ihres Ursprungs: Braune Staubstürme kamen aus Kansas, rote *Duster* aus Oklahoma und gelbe Stürme aus Texas und New Mexico. Ganze Felder blies es vor den Augen hilfloser Farmer davon.

Texola, Oklahoma. »Wenn du ein Bier willst, mußt du zurück über die Grenze nach Oklahoma.«

Sapulpa, Oklahoma. Zuflucht für eine schnelle Mahlzeit. Diamond Cafe am Highway 66.

Für die Bauernfamilien in Oklahoma, die lange schon mit Mechanisierung, Enteignung und mageren Ernten kämpften, bedeuteten die Stürme das Ende. Wie die *Joad*-Familie aus Steinbecks Roman *Früchte des Zorns* rafften in den 30er Jahren mehr als 300 000 *Okies* ihre letzten Habseligkeiten zusammen und verließen die Heimat. Die Matratzen auf dem Dach, die Kinder auf dem Rücksitz, die Habe im Anhänger und die Hoffnung auf ein besseres Leben im Herzen, suchten diese Menschen den Weg in das gelobte Land der Orangen- und Pfirsichplantagen. Highway 66 hieß dieser Weg, und so eindrucksvoll war Steinbecks Beschreibung, daß die Wanderung der *Okies* und die Route 66 in den Köpfen der meisten Amerikaner lange Zeit untrennbar voneinander waren.

»Route 66 ist die Hauptwanderstraße. 66 – der lange Betonpfad durch das Land, der auf der Karte in sanften Wellenlinien auf und ab fährt, vom Mississippi nach Bakersfield, über das rote Land und über das graue Land, der sich hinaufschlängelt in die Berge, die Wasserscheide überquert, hinunterführt in die helle und schreckliche Wüste, durch die Wüste wieder in die Berge und dann in die reichen Täler Kaliforniens.

66 ist die Straße eines Volkes auf der Flucht. Die Straße derer, die vor dem Staub flüchten und dem schrumpfenden Land, vor dem Donner der Traktoren und dem schrumpfenden Besitz. Vor dem Einbruch der Wüste im Norden, vor den Wirbelwinden, die aus Texas heraufstürmen, vor den Überschwemmungen, die dem Land keinen Reichtum bringen und ihm das bißchen Reichtum stehlen, das es hat. Vor all dem sind diese Menschen auf der Flucht, und sie kommen aus den Seitenstraßen, aus den furchigen Landwegen und Wagenstraßen auf die Route 66. Sie ist die Mutter-Straße, die Straße der Flucht.«

Im Angesicht einer schwarzen Staubwolke, die aus dem Norden kam und in Oklahoma sowie im Pfannenstiel von Texas einfiel, schrieb der amerikanische Folksänger Woody Guthrie am 14. April 1935 die Ballade zu dieser Flucht. Das Lied der von den Sandstürmen geplagten Okies auf ihrem Weg Richtung Westen:

»*So long, it's been good to know yuh,*
This dusty old dust is a-getting my home
And I've got to be drifting along.«

Von Kellyville über Bristow, Depew, Davenport bis Chandler finde ich eine ganze Reihe verlassener Abschnitte der Sixty-Six, auf denen ich, wenn auch oft nur für wenige hundert Meter, mit der Harley entlangbalanciere. Die Route 66 als Geisterstraße. Nur schwer kann ich mir vorstellen, wieviel Verkehr hier einmal geflossen sein muß.

Chandler heißt der kleine Ort, den ich für den nächtlichen Stopp ausgesucht habe. Samstagabend in einer Kleinstadt in Amerika: Vor der örtlichen Bar stehen sechs rostige Trucks, deren blecherne Hinterteile von den letzten Strahlen der Sonne gewärmt werden. Auf dem Sportplatz kämpfen Footballspieler in ihren Gladiatorenrüstungen. Frauen mit Lockenwicklern im Haar

Chandler, Oklahoma. Leuchtet seit 1939 in die Nacht: das rot-grüne Neonschild des Lincoln Motels am Ortseingang der kleinen Stadt.

Quapaw, Oklahoma.
Geister an der Route
66. Die Ruine eines
Diners erwacht.

Hydro, Oklahoma.
Deer Creek. Ein kleiner
Fluß windet sich an der 66
entlang.

El Reno, Oklahoma.
Big 8 Motel. Kino
hinterläßt Spuren:
»Amarillo's Finest«,
260 Meilen von
Amarillo entfernt.
»Rainman« läßt grüßen.

stehen in den kleinen Vorgärten der Häuser. Der Geruch von Holzkohlegrills ist allgegenwärtig.

Für 20 Dollar quartiere ich mich im *Lincoln*-Motel ein, das Jack Rittenhouse bereits in seinem Führer aus dem Jahr 1946 erwähnt hat. Das rot-grüne Neonschild summt schon seit 1939 vor den kleinen Holzkaten. Nur wenig hat sich an den Zimmern verändert. Die einzige Modernisierung ist eine Klimaanlage, die die Sommerhitze aus den engen Zimmern treibt.

Wie ein schwarzes Tier starrt die Harley mich an, als ich meine Habe am Morgen in den ledernen Packtaschen verstaue. Es liegt etwas Eigentümliches im Ausdruck dieses Motorrads, etwas Rohes und Brutales, weitab jeglicher Stromlinienmodernität. Eine Metall gewordene Sehnsucht nach Authentizität.

Der Mond steht noch immer im Westen, als ich an diesem Sonntag vorbei an den unendlichen Autoschrottplätzen Richtung Texas starte. Blutrot leuchtet die Erde Oklahomas in den ersten Sonnenstrahlen des Septembermorgens. Das Schild 66 *West*, das mir den Weg weist, hat eine hypnotische Anziehungskraft.

In Arcadia finde ich die legendäre *Round Barn*, eine runde Scheune, 1898 erbaut — lange bevor auch nur die Idee des Highways geboren wurde. Es heißt, die Akustik der alten Scheune sei so gut, daß man in ihr eine Stecknadel, die auf den Boden fällt, klar und deutlich hören kann.

Über Edmond führt der Highway nach Oklahoma City. Eine Geisterstadt, wie aus einem futuristischen Film ist das Zentrum, mit all seinen Wolkenkratzern, Banken und Geschäftszentralen an diesem Sonntagmorgen. Keine Menschenseele wandert zwischen Hochhausschluchten. Auf meinem Weg Richtung Bethaney kommen mir zwei *Hell's Angels* entgegen, mit Bandanas um die Stirn und blonden Miezen auf den Rücksitzen. Locker heben sie ihre Hand zum Gruß.

Amarillo's Finest steht in rotem Neon an der Eingangstür des *Big 8 Motel* in El Reno, einem kleinen Ort nicht weit vom North Canadian River. »Amarillo's Finest?« frage ich mich, mehr als 260 Meilen von Amarillo entfernt? Eine geographische Verirrung vielleicht. Doch Jack an der Rezeption erzählt mir, was es mit dem Schild auf sich hat. »Ein Überrest des Filmes *Rain Man*, von dem einige Teile im Juni 1988 hier gedreht wurden«, sagte er. »Zimmer 117 — das ist das Zimmer aus dem Film. Es ist immer noch genau so eingerichtet, wie Dustin Hoffman und

Tom Cruise es nach den Dreharbeiten verlassen haben«, sagt er. »25 Dollar kostet es die Nacht.« Doch es ist zu früh am Tag.

Ich steige wieder auf die Maschine und starte den Motor. Mittlerweile ist es, als habe ich mich nie auf eine andere Weise fortbewegt. Und die Vorstellung, eine Wagentür hinter mir zu schließen und die Welt aus einem Blechverließ und durch getöntes Glas zu betrachten, erscheint mir fremd. Die Gerüche der Landschaft, ihre feinen Klimaveränderungen, die wilde Intensität ihrer Geräusche und die Weite des Blickes — nur der Cowboy vielleicht kannte die sinnliche und authentische Perspektive eines Bikers.

Nur etwa zehn Meter entfernt voneinander verlaufen die Interstate und der alte Highway in der Nähe von Hydro, Oklahoma. Ein Stacheldrahtzaun trennt zwei Welten. Auf der vierspurigen Interstate gleitet der Fernverkehr durch den Bundesstaat, ohne sich aufzuhalten an örtlichen Umleitungen, Hindernissen und Dörfern. Wie in einem Kanal, anonym, ohne das Land und seine Menschen zu berühren, treiben die Reisenden auf ihren Bestimmungsort zu. Auf der anderen Seite des Zauns inmitten des braungrünen Hügellandes von Oklahoma steht eine kleine, alte Tankstelle am Rande der Straße. Ein massives Schild aus Holz schwingt an einer fast zehn Meter hohen Stange im Wind. *Lucille's 66 Historic Highway* steht darauf.

Eine kleine, alte Frau mit krausem, rotem Haar öffnet die Tür, als ich die Harley unter dem Vordach der Tankstelle parke. »Voll?« fragt sie. »Voll!« Als ich mich nach der Route 66 erkundige, zieht die kleine Frau mich in ihren Laden, der sich als eine große Küche entpuppt — mit unendlich vielen Kühlschränken, Regalen voller Lebensmittel und Route-66-Andenken: T-Shirts, Buttons, Postkarten, Baseballmützen und sogar Kaffeebecher mit dem Aufdruck *Route 66*.

Lucille, die mir nicht verraten will, wie alt sie ist, holt ein altes Fotoalbum und beginnt zu erzählen — in einem amerikanischen Dialekt, wie ich ihn nie zuvor gehört habe. »50 Jahre lang habe ich am Highway 66 alles gemacht, was man so tun kann: eine Tankstelle geführt, ein Cafe und ein Lebensmittelgeschäft. Und auch das Motel nebenan habe ich bis vor zehn Jahren noch bewirtschaftet«, sagt sie und deutet auf die vergilbten Fotos, die sie schon vor langer Zeit fein säuberlich in das Album eingeklebt hat.

Hydro, Oklahoma. »Route 66 is the mother road, the road of flight.« Depression in den 30er Jahren: 300 000 Okies auf der Flucht vor Staubstürmen und dem Joch der Banken.

»Ich wollte immer arbeiten und viele Menschen treffen. Der Highway war genau der richtige Ort dafür. Es war ein aufregendes Leben.« Lucille gießt mir ein großes Glas Eistee ein. »Die große Depression und die Tage des *Dust Bowl* waren fast vorbei, als wir unsere Tankstelle hier aufmachten«, erzählt sie. »Viele der Flüchtlinge aus dem Osten Oklahomas haben es kaum bis hierher geschafft. Vielen mußte ich ihre Autos abkaufen, weil sie keinen Cent mehr hatten, um weiterzufahren. Und andere habe ich über Wochen hier durchgefüttert. Wenn irgend jemand hungrig zu mir kam, war meine Tür immer offen. Manchmal habe ich auch Benzin verschenkt, nur um die Leute loszuwerden. Damals war es so trocken und heiß, daß wir Wasserschläuche an die Reisenden verkauften.« Lucille schüttelt den Kopf.

»Nach dem zweiten Weltkrieg ging es erst richtig los. Hätte ich damals ein Motel mit 2 000 Zimmern gehabt, vermutlich hätte ich jedes einzelne vermieten können.« Die alte Frau nimmt zwei Katzenjunge auf den Arm, die um den Stuhl streichen. »Ganz plötzlich an einem Tag im Jahr 1966 war alles vorbei. Die Interstate schnitt mich vom Durchgangsverkehr ab. Eine Ausfahrt gab es nicht. Damals habe ich angefangen, an die Leute aus den umliegenden Dörfern Bier zu verkaufen. Und eines ist sicher«, sagt Lucille mit Nachdruck, »den Ruf, daß es bei mir das kälteste Bier im Staat zu kaufen gibt, habe ich nicht zu Unrecht. Manchmal schwimmt sogar ein wenig Eis darin.« Die kleine Frau beginnt zu lachen und legt ihre Brille auf die karierte Wachsdecke des Küchentisches. Die beiden kleinen Katzen schauen erschrocken. »Mit dem Bierverkauf habe ich die Schulausbildung meiner beiden Töchter bezahlt«, sagt Lucille und blättert in dem Fotoalbum, in dem unzählige Zeitungsschnipsel liegen. »Es haben schon eine ganze Menge Journalisten über meine Tankstelle geschrieben.«

Sieben Tage in der Woche ist Lucilles Ladentankstelle geöffnet: von zehn Uhr in der Früh bis zwölf Uhr in der Nacht. Und nur manchmal gönnt sie sich ein ruhiges Stündchen auf der großen Terrasse vor dem Haus hinter der Tankstelle. »Einsam ist es hier draußen nicht wirklich«, sagt sie. »Ich bekomme viel Besuch — aus aller Welt. Jeder will sich mit mir über den Highway 66 unterhalten. Natürlich sind hier auch schon Verrückte vorbeigekommen, die an meine Kasse wollten. Aber ich glaube, die meisten habe ich ordentlich erschreckt. Angst habe ich nie gehabt. Hier auf dem alten Highway 66 habe ich die besten Menschen getroffen.« Lucille schaut aus dem Fenster auf die stille Straße und den Verkehr, der im Hintergrund auf der Interstate vorbeirauscht. »Route 66«, sagt sie, »das sind Erinnerungen. Gute Erinnerungen und schlechte Erinnerungen. Irgendwann im Leben ist jeder einmal auf der Sixty-Six gefahren. Und die meisten, die mich besuchen, sind auf der Suche nach diesen Erinnerungen. Der Highway bringt sie jedem zurück, der nach ihnen sucht.«

In geschmeidigen Wellen fließt der Highway durch die Hügel des westlichen Oklahoma Richtung Weatherford und Clinton, einer alten Route-66-Bastion. An der Choctaw Avenue in Clinton entdecke ich das *Pop Hicks Restaurant*. Vor dem Eingang steht ein alter, blauer Chevrolet El Camino, die Ladefläche voller leerer Bierdosen. *24 Hours* (24 Stunden) ist in roter Farbe von innen auf das Fenster der Eingangstür gepinselt. Darüber leuchtet in einer roten Neonschleife *open*. Auf einem Pappschild steht: *Wir öffnen pünktlich.*

Von einem riesigen Wandgemälde am Ende des Raums röhrt ein Hirsch, der einsam vor der Blockhütte steht, inmitten der dramatischen Bergwelt der Rocky Mountains. Ich bestelle Eier, Speck und Hashbrowns. Weiße Leuchtstoffröhren strahlen ein gleichmäßiges Bahnhofshallenlicht in das Restaurant. Die Stimmen der Einheimischen, die hier ihren Kaffee trinken und Baseballergebnisse vergangener Jahre diskutieren, zerfließen im Echo des Raums und mischen sich mit dem Geblubber der Pumpen dreier Aquarien, in deren trüben Fluten exotische Fische vor sich hin paddeln. An der Kasse vor dem Ausgang flimmert ein Fernseher ohne Ton. Ich werfe 25 Cents in eine Jukebox. Als die ersten Takte des *Cow Cow Boogie* anklingen, verstummen die vielen Stimmen für einen Augenblick. »Eier, Speck und Hashbrowns«, sagt die Bedienung und füllt meine Kaffeetasse neu.

Westlich von Clinton führt der Highway in die *Texas Panhandle*, den nördlichen Pfannenstiel des Lone-Star-Staates. *Last McDonald's for 150 Miles* steht auf einem riesigen, rotleuchtenden Schild mahnend zwischen Highway 66 und Interstate. Was für ein schrecklicher Gedanke. Schmal und einsam wird der Highway kurz hinter der Grenze nach Texas. Die Spalten und Unebenheiten zwischen den gegossenen Betonplatten schlagen einen gleichmäßigen Rhythmus, der mich in eine

Hydro, Oklahoma
»Gute und schlechte Erinnerungen. Der alte Highway bringt sie jedem zurück, der nach ihnen sucht.«
(Lucille Hammons)

Trance voller einsamer Road-Songs versetzt. *It's a lonesome feeling when you're traveling, down lonesome roads, down lonesome roads...*, klingt mir ein Country-Song im Ohr. Elk City, Sayre, Erick und Texola heißen die letzten Orte.

Texola, kurz vor der Grenze nach Texas, ist eine Geisterstadt voller Autofriedhöfe, geschlossener Tankstellen und abgewrackter Motels. Die wenigen Geschäfte entlang der Hauptstraße sind mit Holzbrettern verrammelt. *Beer* und *Beer to go* steht in krakeligen Buchstaben auf zwei Holzschildern und: *There's no place like Texola close to here, so this must be the place.* Doch das verstehe ich erst, als ich mich 15 Meilen weiter westlich in einem Ort mit dem irischen Namen Shamrock einquartiere.

80

Catoosa, Oklahoma.
»Gefahr! Bleib draußen,
du könntest erschossen
werden.« Touristenpark
längst vergangener Tage.
Der blaue Wal von Catoosa.

TEXAS

Vorhergehende Seite:
Amarillo, Texas.
Cadillac Ranch. »Symbole für Freiheit, Geld und Sex.« Kunstmäzen Stanley Marsh 3 über

seine zehn Cadillacs.
Shamrock, Texas.
»Das flotteste aller flotten Restaurants.«
Art-deco-Träume im Wilden Westen.

Art deco im Wilden Westen

In Texas beginnt der Wilde Westen. Stillgelegte rostige Ölpumpen stehen in der weiten, kühlen Hochebene — und schwarze Kühe. Aus den Spalten der Fahrbahn wächst Gras. Wie zu einem beweglichen, abstrakten Gemälde haben sich das Weiß der Fadenwolken und das Blau des Himmels miteinander verbunden.

In seinem Führer aus dem Jahr 1946 schreibt Jack Rittenhouse: »Das Wetter hier ist launisch: Regen- und Schneestürme kommen plötzlich an Tagen, die mit Sonnenschein begonnen haben; die unglaublich grimmigen Winde bringen plötzlich Temperaturstürze und wirbeln Sandwolken auf. Bäume und andere wiedererkennbare Punkte sind so selten hier, daß die frühen Siedler ihre Wege oft mit Pfählen markierten. Menschen, die diese Region zum ersten Mal sehen, sind meist beeindruckt von der nahezu grenzenlosen Leere des Landes.«

»Das hier ist ein *trockenes County*, Darling«, sagt eine resolute Mittvierzigerin, als ich am Abend in Shamrock nach einer Flasche Budweiser zum Hamburger verlange. *Linda* steht in schwarzer Blockschrift auf dem goldenen Namensschild, das sie am Revers ihrer blauen Schürze trägt. »Alkohol gibt's in diesem Bezirk keinen. Wenn du ein Bier willst, mußt du schon zurück über die Grenze nach Oklahoma«, sagt sie grinsend, gießt mir den obligatorischen Eistee nach und ruft ihrem Koch eine Bestellung zu. »Du hast doch sicher die *Beer*-Schilder vor der Grenze nach Texas gesehen«, sagt sie. »Dort kaufen wir unseren Bedarf für den Hausgebrauch.« Ich gieße Tomatenketchup auf den Hamburger und beiße in die pappige Masse. So habe ich mir John Steinbecks *Mae* vorgestellt: eine blonde Kellnerin, die jeden *Honey* oder *Darling* nennt, den Kindern im Restaurant zublinzelt und mit dem Koch in der Küche keift.

Mit meinen schmutzigen T-Shirts und Socken in der Satteltasche mache ich mich in Shamrock auf die Suche nach einem Waschsalon. Nur zwei Querstraßen von der Route 66 entfernt, leuchtet vor dem rötlichen Abendhimmel in blauer Neonschrift *Laundromat*. Zwei alte Männer stehen über die Maschinen gebeugt in der schmutzigen Waschküche, die erfüllt ist von klebriger Feuchtigkeit und dem Geruch des parfümierten Waschpulvers. Die Trommeln der Maschinen schlagen einen hypnotischen Rhythmus, der sich mit den Schleifgeräuschen in den Wäschetrocknern und dem Summen der Neon-Trafos zu einer eigentümlich traurigen Sinfonie verbindet. *Do not wash rig clothes here* steht auf einem Metallschild. Die dreckige Arbeitskleidung der Arbeiter von den Ölfeldern ist nicht erwünscht.

Mißbilligend schauen die beiden alten Männer zu mir herüber. Ihre bartstoppeligen Gesichter passen so gar nicht zu der Akribie, mit der sie ihre zerlöcherten T-Shirts und Unterhosen falten. »Alles Quatsch«, murmelt einer der beiden, als ich mich auf eine Bank setze und in meinem Route-66-Führer blättere. »Highway 66«, sagt er und schüttelt mit dem Kopf. An Festus, den Hilfssheriff aus der Fernsehserie *Rauchende Colts*, erinnert er mich, als er nach einer kleinen Pause zu erzählen beginnt. »Ich habe nichts vergessen. Ich war dabei«, sagt er. »Ich habe einen LKW gefahren auf dem Highway 66. Die Straße war ein einziger Horror. Eine enge Fahrbahn mit vielen Schlaglöchern, manchmal schlammig und oft nur mit grobem Schotter bedeckt«, erzählt er in seinem schwer verständlichen Texanisch. »Verkehrsstaus und üble Unfälle gab es jeden Tag.« Der alte Mann schüttelt noch einmal den Kopf und kaut mit einem seiner wenigen Zähne auf der Unterlippe. »Und plötzlich kommt ihr Verrückten aus der ganzen Welt und entdeckt diese alte Straße«, sagt er ein wenig verständnislos.

»Aber war es denn nicht aufregend, damals, mit einem Truck durch Amerika zu fahren, auf diesem Highway Richtung Westen?« frage ich. »Ja, aufregend war es schon«, sagt er. »Ein Abenteuer — jeder einzelne Tag. Unerträgliche Hitze im Sommer und unberechenbare Blizzards im Winter. Und irgendwie habe ich nie gewußt, ob ich wieder heil nach Hause kommen würde. Ein Vergnügen war es jedenfalls nicht.« Der alte Mann verstaut die sauberen T-Shirts in einer oft benutzten Plastiktüte und tritt mit einem schmutzigen Stiefel gegen einen Wäschetrockner, dessen Tür sich nicht öffnen will. »Und in den 50er Jahren haben sie all den Touristen-Quatsch entlang der Straße gebaut. Beton-Teepees, in denen man Tomahawks aus Gummi kaufen konnte. Oder monumentale Kaffeetassen, die als Imbißstuben dumm an der Straße standen, Schlangen- und Dinosaurier-Farmen und einen Wal aus Pappmaché.«

Shamrock, Texas.
». . . von Pegasus träumend und vom Flug über den Asphalt.«
(Jim Crumley)

Der Mann streicht sich durch die silbergrauen Stoppeln seines Bartes. »Aber ist das nicht alles wunderbar?« frage ich ihn und ernte noch einen verständnislosen Blick. Dann zuckt er mit den Schultern und lacht. Sein Bauch hüpft dabei auf und ab. »Vielleicht — vielleicht ist das alles wunderbar.«

»Es war im Jahr 1933, als mein Mann Jack und ich hierher nach Shamrock zogen«, sagt Bebe Nunn mit brüchiger Stimme. »27 Jahre alt war ich. Eines Abends, wir saßen auf der Veranda unseres Hauses, nicht weit von hier, nahm Jack einen rostigen Nagel und zeichnete den Entwurf für ein Cafe und eine Tankstelle in den Sand. Ein Architekt aus Amarillo machte uns die Skizzen. Wir bauten direkt an der Kreuzung, wo der Highway 66 und der Highway 83 sich trafen.« Bebe Nunn hebt ihren Arm und zeigt auf die Straße. »Der Highway 83 führte von Kanada nach Mexico und war die Hauptstraße der *Great Plains*. An dieser Kreuzung gab es keine ruhige Minute. Was für ein Standort für ein Restaurant, haben wir uns gedacht. 23 000 Dollar hat uns der Bau gekostet. Ende 1935 haben wir aufgemacht und das Cafe *U-Drop Inn* getauft«, sagt Bebe und nestelt mit ihren Händen an der Bluse. »Ein zehnjähriger Junge war auf den Namen gekommen und gewann fünf Dollar in unserem Preisausschreiben. Fünf Dollar, das war damals sehr viel Geld«, sagt die alte Frau.

Aus der horizontalen Skyline der gebeutelten Kleinstadt, die einmal einen Erdölboom erlebte, der die Preise für Motelzimmer auf 300 Dollar pro Woche hinauftrieb, ragen die beiden Art-deco-Türme des *U-Drop Inn* wie eine modernistische Fata Morgana in die texanische Wildnis. »Das *U-Drop* war ein echter Schlager, nicht nur weil es zwischen Oklahoma City und Amarillo das einzige Cafe mit angeschlossener Tankstelle war, sondern auch weil man uns schon von weitem sehen konnte«, erzählt Bebe Nunn und zieht sich die karierte Bluse zurecht. »Neon war in den 30ern sehr beliebt. Und wir haben das Cafe und die Tankstelle mit roten und grünen Neonbändern üppig verzieren lassen. Das *U-Drop* strahlte so hell, daß man es bis nach McLean sehen konnte.« Bebe Nunn zeigt mir alte Zeitungsausschnitte aus dem Jahr 1936: *Das flotteste aller flotten Restaurants* war mit einem grauen Bleistift unterstrichen und *Das modernste Gebäude seiner Art am U. S. Highway 66 zwischen Oklahoma City und Amarillo.*

Doch die rot-grünen Neonschleifen leuchten schon

Alanreed, Texas.
Motelruine am Rande
der Straße – Pilgerstätten
des amerikanischen
Mobilitätskultes als
archäologische Fundstücke.

lange nicht mehr. »1957 starb Jack«, sagt Bebe Nunn. »Bis 1961 habe ich alleine weitergemacht, dann konnte ich nicht mehr und habe das Cafe verpachtet.« Bebe Nunn lebt immer noch an der Kreuzung von Highway 66 und Highway 83. Und das Cafe, das heute vor allem von Einheimischen frequentiert wird, kann die 85jährige Frau von ihrem Wohnzimmerfenster aus beobachten. »Es war eine wundervolle Zeit«, sagt sie.

Zwei dunkle Ventilatoren ziehen müde ihre Kreise vor einer frisch gestrichenen Zinkblechdecke. Zwei Bänder mit Leuchtstoffröhren werfen Bahnhofshallenlicht in den Raum. An einem Tisch, der in der Mitte des Raumes steht, spielen drei Männer in schmutzigen T-Shirts wortlos Karten. Es riecht nach Kaffee, Bratkartoffeln und nach Speck, der zu lange gebraten wurde. »Frühstück?« fragt eine Frau in weißer Schürze, »Frühstück«, sage ich und setze mich an einen Tisch am Fenster, von dem aus man den Verkehr beobachten kann. An einer Wand steht ein kleiner Altar mit Büchern und Zeitschriftenartikeln über die Route 66 und einem Fotoalbum mit alten Bildern.

Lela, Groom, McLean heißen die leblosen Orte im östlichen Teil der Panhandle entlang des Highways. Ein Lager mit deutschen Kriegsgefangenen hat es hier einmal gegeben. Die Deutschen wurden als Arbeiter in der Landwirtschaft eingesetzt. *Fritz Ritz* nannten die Einheimischen das Lager in der Nähe von McLean, weil es an Wochenenden Freigang, Cola und Kino für die Kriegsgefangenen gab. Was für ein Schock muß der Anblick dieses wilden Landes für die deutschen Männer gewesen sein, die aus dem Chaos des engen Europas plötzlich in die unendliche Weite des Pfannenstiels von Texas kamen.

Je weiter ich Richtung Westen fahre, desto größer wird der Himmel. Die Wolkentürme sind hier in Texas so plastisch, daß man nach ihnen greifen möchte. Die wenigen Bäume entlang der Straße strecken ihre Äste auch an diesem fast windstillen Tag Richtung Norden, als würden sie von einer unsichtbaren Kraft angezogen. Mit einer Geschwindigkeit von 50 Meilen in der Stunde tuckere ich Richtung Amarillo, dessen Name mir schon lange im Kopf herumspukte – vielleicht, weil er so oft in Countrysongs vorkam, vielleicht auch, weil ich ihn einmal in einem alten Western gehört habe.

Es heißt, Amarillo habe seinen Namen von den vielen gelb angestrichenen Häusern, die hier einmal standen.

Shamrock, Texas. Art-deco-Ruine einer Tankstelle am Ortsausgang.

Shamrock, Texas. »Das ›U-Drop‹ strahlte so hell, daß man es bis nach McLean sehen konnte.« Bebe Nunn vor ihrem alten Cafe.

Amarillo ist das spanische Wort für die Farbe Gelb. Doch den Charme einer Westernstadt hat Amarillo nicht. Der Amarillo Boulevard ist nicht mehr als eine Ansammlung von kaputten Motels, Schrottplätzen, Fastfood-Buden, Schnapsläden und düsteren Cocktailbars. Das wirtschaftliche Zentrum der Texas-*Panhandle* ist Amarillo dennoch: Öl, Gas und Rinder, die hier fettgefüttert und in die Schlachthöfe der Großstädte verfrachtet werden, sind das Rückgrat der Stadt.

Die *Big Texan Steak Ranch,* ein Route-66-Klassiker, der bereits 1968 an die Interstate verlegt wurde und von dem ich bereits in Missouri gehört habe, lasse ich an diesem Tag aus. *Big Texan Steak Ranch, Steaks umsonst* stand auf den Schildern entlang der Straße schon in Oklahoma. Und in ganz kleinen Lettern war vor dem Wort Steak kaum leserlich *72 Unzen* zu erkennen. Denn ein kleiner Trick ist dabei. Umsonst ist das Steak tatsächlich nur für diejenigen, die das Zwei-Kilo-Monstrum innerhalb einer Stunde, samt Kartoffeln, Shrimps-Cocktail, Salat und Butterbrötchen vertilgen. Mogeln ist nicht möglich, denn eine Kellnerin wacht mit Argusaugen über jeden Bissen. Wer's nicht schafft, bezahlt 30 Dollar.

Als ich die Stadt Richtung Westen verlasse, kann ich die Rinder schon von weitem riechen. Wie eine Industrieanlage sind die riesigen Corrals links der Straße angelegt. Tausende von Rindviechern stehen dichtgedrängt in ihrem eigenen Mist. Der Geruch ist unerträglich, und der Anblick rüttelt an meinen Phantasien von

den großen Rinderherden, die in der Weite von Texas auf fetten Weiden grasen.

Bruce Springsteen hat sie besungen. Und wie er sie so ohne weiteres gefunden hat, bleibt mir bis heute ein Rätsel. Denn es gibt keine Schilder, keine Wegweiser, die auf die *Cadillac Ranch* westlich von Amarillo hinweisen, nicht einmal einen Parkplatz – nur einen kleinen mit Kies bedeckten Fleck am Rande der Straße. 200 Meter weit führt ein ausgetretener Pfad auf ein staubiges Feld zu zehn Cadillacs, die kopfüber in die Erde gerammt in den westlichen Himmel ragen.

Der exzentrische Unternehmer und Kunstsammler Stanley Marsh hat das Monument der *Ant Farm* (Ameisen-Hof), einer Gruppe von experimentellen Architekten aus San Francisco, 1974 in Auftrag gegeben. »Ich wollte ein Kunstwerk, das den amerikanischen Traum symbolisiert. Meine Freunde von der *Ant Farm* und ich kamen eines Tages auf das Konzept der *Cadillac Ranch*«, erzählt er. Doch seine Motivation für das ungewöhnliche Kunstwerk scheint sich im Laufe der Jahre so oft verändert zu haben wie die Farbe der Cadillacs. Denn auch als Mahnmal für Pearl Harbour wollte Stanley Marsh 3 seine Cadillacs einmal verstanden wissen. »Zuerst wollten die Jungs die Cadillacs ganz zufällig ins Feld stellen. Doch da habe ich interveniert. Archäologen der Zukunft sollen wissen, daß die Cadillacs von den Mitgliedern einer hochentwikkelten Zivilisation hier aufgestellt wurden. Deshalb sind sie in Beton gegossen und ragen genau im gleichen Winkel wie die ägyptischen Pyramiden in den Himmel nach Westen.«

Zwei Wochen lang durchkämmten die Mitglieder der *Ant Farm* im Mai 1974 die Schrottplätze Amarillos, um alle zehn verschiedenen Haifischflossen-Modelle zu finden, die Cadillac zwischen 1948 und 1964 gebaut hat. »Der Cadillac repräsentiert mehr als jedes andere amerikanische Auto Freiheit, Geld und Sex. Und ist ein Teil des Traumes vom Erwachsenwerden: eine gutaussehende Blondine, ein Cadillac und auf der Route 66 an die Strände Californiens – das war unsere Idee von der großen Flucht in die Freiheit«, sagt Stanley Marsh 3. »Auf diese Weise sind der Cadillac und der alte Highway 66 zu Monumenten des amerikanischen Traums geworden. Die *Cadillac Ranch* ist unser Stonehenge.«

Ein Vater und sein staunender Sohn stehen im harten Mittagslicht auf dem Feld und fotografieren die verbeulten, pinkfarbenen, mit Graffiti beschmierten Cadillacs, die tatsächlich wirken, als hätten in ein Zeitloch gestürzte Druiden sich einen Spaß erlaubt. Die Flossen beginnen als kleine Auswüchse beim 48er Caddie und strecken sich immer steiler und schärfer bis ins Jahr 1959, nur um sich mit jedem folgenden Modell wieder in den Wagen zurückzuziehen, bis sie 1964 fast ganz verschwunden sind.

Don't Mess with Texas heißt es auf einem Aufkleber an einem Kotflügel. Namen aus aller Herren Länder sind auf die Cadillacs geschrieben, und nichts, was sich von einem Auto abmontieren ließe, ist an den Wracks geblieben. Nur die Radkappen – denn die hatte Stanley

Glenrio, Texas.
Viele überstanden den
langen Weg nach Westen
nicht. Autoruinen in der
Einsamkeit der Panhandle.

Marsh 3 vorsichtshalber anschweißen lassen. Von der nur wenige Meter entfernten Interstate höre ich das Hupen von LKWs, die, so scheint es, die Cadillacs grüßen.

»Über andere Straßen weiß ich nichts«, sagt Stanley Marsh 3. »Ich lebe an der Route 66. Und es gibt keine andere Straße, mit der sich für mich so viel Geschichte und Romantik verbinden. Vielleicht gibt es ja Straßen von Chicago nach Seattle. Aber von denen habe ich nie etwas gehört. Und ihre Namen kenne ich auch nicht.«

Kleine Siedlungen mit Namen wie Wilderado, Vega und Adrian liegen zwischen Amarillo und der Grenze von New Mexico. In Vega halte ich an einer roten Ampel, von der ich mir kaum vorstellen kann, warum sie je in Betrieb genommen wurde. Getreidesilos, Viehställe und Corrals liegen am Rande der Straße. Kurz hinter Adrian verschwindet der Highway, und ich fädle mich auf der Interstate in den dünnen Fernverkehr ein.

Im Rückspiegel sehe ich, wie ein chromfunkelnder Kenwood-Truck immer näher rückt, bis die rechteckigen Muster seines Kühlergrills schließlich den gesamten Rückspiegel ausfüllen und das Ungetüm an mir vorbeizieht. Ein Wohnwagen, der einer silbernen Zigarrenhülle auf Rädern gleicht, steht in einer Haltebucht funkelnd im gleißenden Mittagslicht.

Business Loops (Geschäftsschleife) nennen die Amerikaner die Straßen, die von der Interstate ab durch einen Ort und wieder zurück auf die Interstate führen und so den Anschluß der vergessenen Flecken an die Welt schaffen sollen. Doch von den Interstate-Reisenden werden die Loops kaum benutzt. Wer von A nach C will, macht nicht in B halt, besonders dann nicht, wenn B ein totes Dorf am Rande der Straße ist.

In Glenrio, einer Geisterstadt an der Grenze nach New Mexico, ist das Wort *Business Loop* gleich in zweifacher Hinsicht irreführend. Denn weder gibt es dort *Business*, noch ist die Straße durch den Ort tatsächlich ein *Loop. Dead End Ahead* steht auf einem Straßenschild, als ich das westliche Ende von Glenrio erreiche, das schon zum Bundesstaat New Mexico gehört. *First Motel* in Texas lese ich, als ich nach Osten zurückschaue, auf demselben verfallenen Schild, auf dem ich wenige Meter zuvor *Last Motel in Texas* gelesen habe.

Hundegebell kann ich in der Entfernung hören, als ich von der Maschine steige und ein paar Fotos von einem orangeroten Autowrack und einem verfallenen Wohnwagen mache, der unter einer Eiche steht. Ein warmer Wind bläst durch dieses um seine Hoffnungen betrogene Route-66-Dorf. Nur das Postamt scheint noch in Betrieb. Ein blauer Briefkasten steht davor, die nächste Leerung ist in drei Stunden.

Melancholie streift mich beim Anblick der kleinen, abbruchreifen Hütten, die einst Teil des Motels waren. Eine verrottete Matratze, durch deren Gewebe sich rostige Sprungfedern drücken, liegt in einer der zertretenen Türen — als habe irgend jemand sie mitnehmen wollen und es sich dann anders überlegt. Der Boden ist bedeckt mit den Glasscherben der zerschlagenen Fenster. Für eine Nacht waren diese Räume einmal Herberge. Für Legionen erschöpfter Trucker, für Ehepaare auf dem Weg in die Flitterwochen und nach dem zweiten Weltkrieg für Familien auf dem Weg in die ersten Ferien.

Es gibt wenige Orte, die einsamer sind als ein verlassenes Motel.

Nur 180 Meilen führt die Route 66 durch Texas, bevor sie in Glenrio in einer Sackgasse endet. Und mit nur einem Schritt kann man hier an der Grenze zu New Mexico zwischen den Zeitzonen hin und her springen.

NEW MEXICO

Vorhergehende Seite:
Tucumcari, New Mexico.
»100 Prozent gekühlte Luft.« Blue Swallow Motel.

Tucumcari, New Mexico.
Neonglanz am Gewitterhimmel. Buckaroo Motel.

Der unendliche Horizont

Weit offen liegt das Land unter einem tiefblauen Himmel, der am Horizont die Erde nicht berührt. Diese Weite, diesen Raum im östlichen New Mexico zu beschreiben ist nicht einfach. Vielleicht, weil es dafür in der Vorstellungswelt der Europäer kaum Begriffe gibt. Eine Weite, die unter die Haut kriecht, die Seele infiziert und zu wachsen beginnt. *Land of Enchantment* (Land der Verzauberung) wird der südlichste Rocky-Mountain-Staat auch genannt.

Die *Comanche trails* durchqueren dieses Land. Routen, auf denen die *Comanche*-Indianer den großen Büffelherden folgten, die einst hier wanderten. Der spanische Eroberer Francisco Vasquez de Coronado erkundete das *Llano Estacado*, wie dieses riesige Plateau heißt, in den Jahren 1540 bis 1542 auf seiner Suche nach den sieben Städten des Goldes. Er hinterließ die ersten Pferde, die das Leben der Indianer entscheidend veränderten. Viele von Coronados Männern kehrten von der Expedition nicht zurück. Teile ihrer Metallrüstungen überlebten als geschätztes Erbe in Indianerfamilien über viele Generationen.

Fast 300 Jahre sollte es dauern, bis die ersten amerikanischen Siedler aus dem Osten kamen und mit ihren Planwagen in die Weite New Mexicos vorstießen. Sie bekamen nicht nur die Härte dieses Landes, sondern auch die Kriegslust der *Comanchen* zu spüren, die die südlichen *Great Plains* terrorisierten und nicht nur bei den Weißen, sondern auch bei anderen Indianer-Stämmen gefürchtet waren. Ihren Namen verdanken sie dem Stamm der *Ute*, die sie *Komantcia* nannten — *Feind, der immer kämpfen will.*

Die *Comanchen*, so schätzt man heute, töteten mehr amerikanische Siedler als jedes andere Indianervolk, und ihre Gefangenen überlebten die Qualen der Folter oft nicht sehr lange. Wenn ihnen das Gejammer ihrer geschundenen Opfer auf die Nerven ging, schnitten die *Comanchen* ihnen kurzerhand die Zunge heraus. Ihre Raubzüge an der mexikanischen Grenze, bei denen sie ganze Dörfer niederbrannten und sich mit neuen Pferden versorgten, entmutigten die Spanier so sehr, daß sie jede weitere Expansion Richtung Norden aufgaben.

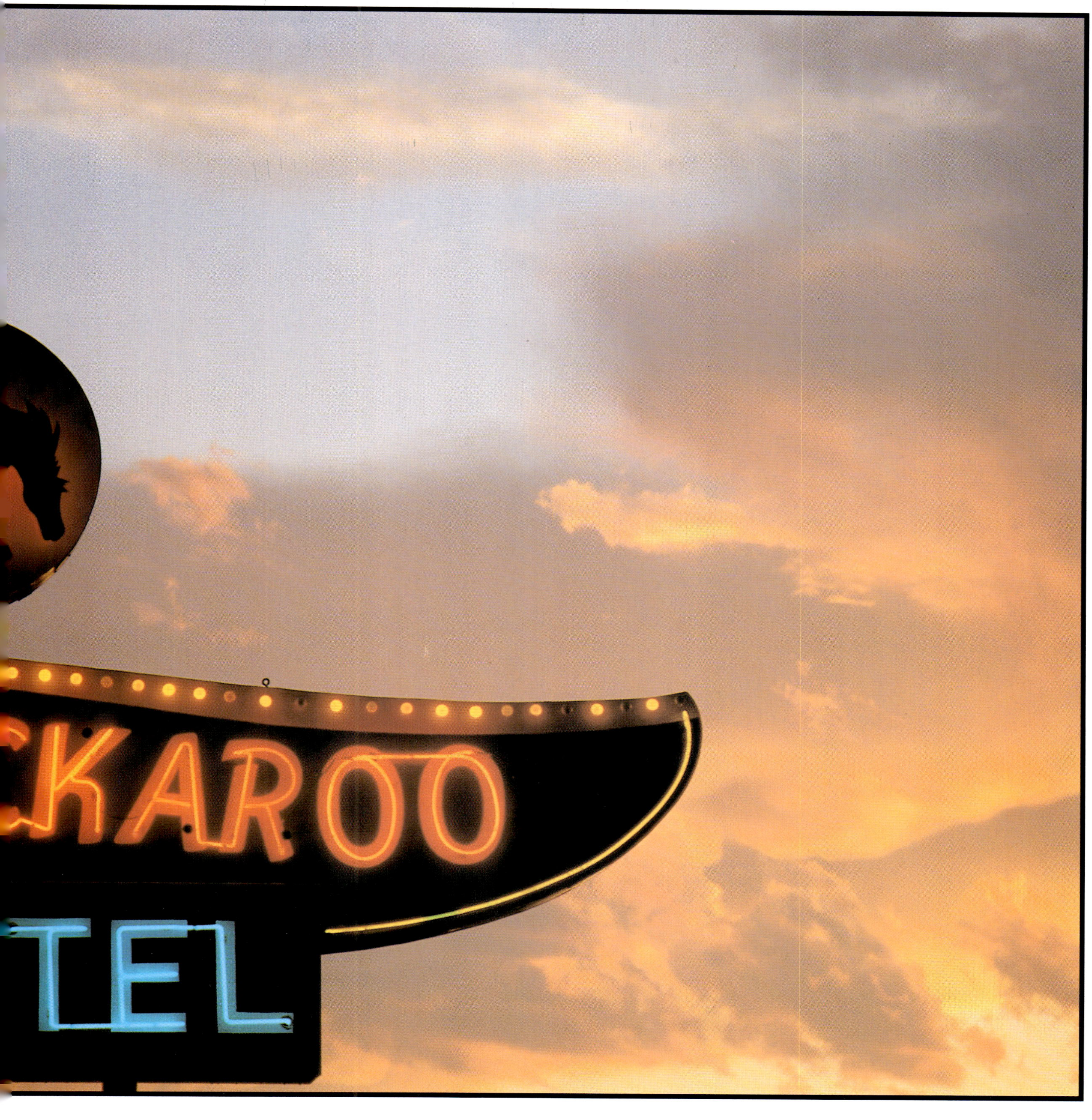
CKAROO
TEL

Cuervo, New Mexico. Einsam bis an den Horizont. Überreste der Route 66 – nur für hartnäckige Nostalgiker befahrbar.

Zwei Jahrhunderte lang waren die *Comanchen* der Schrecken der südlichen *Great Plains*. Doch im Juni 1875 war auch das Schicksal dieses Indianerstammes besiegelt. Dezimiert und aufgerieben, hungernd und krank, ergaben sich die letzten *Comanchen* in Fort Sill in der Nähe der Wichita Berge in Südwest-Oklahoma.

So unvermittelt wie der Zauberer seine Tauben aus dem Zylinder befreit, setzt der kobaltblaue Himmel im Westen schwarze Gewitterwolken frei. Erste Windböen schlagen mir entgegen. *Tucumcari Tonight!* steht auf den unzähligen Schildern am Rande der Straße, *30 Motels, 2000 Betten.*

In der Ferne sehe ich, wie die ersten Blitze in den Tucumcari Mountain einschlagen. Auf der Harley wird es ungemütlich. Der Wind peitscht die ersten Regentropfen in mein Gesicht, und die Sicht wird mit jedem Augenblick schlechter. Nur etwa eine Meile vor Tucumcari ist die Weiterfahrt unmöglich. Eingeschlossen in den Regen, der wie ein Wasserfall vom Himmel stürzt, warte ich am Rande der Straße, die sich in einen reißenden Strom verwandelt hat.

In nur 15 Minuten ist alles vorbei. Ganz plötzlich, als habe der Wettergott mit einem Auge geblinzelt, stoppt der Regen, und erste Sonnenstrahlen durchdringen die graublauen Wolkenfetzen. Still ist es plötzlich – nur das Rauschen des Wassers, das von der Straße abfließt, kann ich hören und das zischende Geräusch von Autoreifen in der Ferne.

Wasser steht in meinen Cowboystiefeln, und die Lederjacke zerrt wie eine Bleischürze an meinen Schultern. *Tucumcari Tonight*, denke ich und Lowell Georges Trucker-Song *Willin'* geht mir nicht aus dem Kopf. *From Tuscon to Tucumcari, Tehachapie to Tonapah, driven every kind of truck that's ever been made, even rode the backroad, so I wouldn't get weighed ...*

Das *Blue Swallow Motel*, eine kleine Legende unter den alten 66-Motels, soll an diesem Abend meine Highway-Herberge für eine Nacht werden. Die blaue Neonschwalbe leuchtet schon aus der Ferne vor dem orangeroten Abendhimmel, von dem die letzten Gewitterwolken Richtung Norden ziehen. Und in grüner Schrift steht daneben: *100% refrigerated air* (100 Prozent gekühlte Luft).

»Zehn Dollar dreiundneunzig die Nacht, Steuer eingeschlossen«, sagt die alte Frau an der Rezeption. Sie

Gallup, New Mexico.
»Ein Bier!« sagte John
Wayne. »Und gib meinem
Pferd auch gleich eins!«
Hotel El Rancho.

trägt ein blau leuchtendes Footballhemd mit vielen kleinen Luftlöchern. Ihr Name ist Lillian Redman. Reisende aus fast allen Ländern der Welt haben mit ihr geplaudert und sich ihre Geschichten angehört, denn das *Blue Swallow*, wissen Road-Aficionados, ist eines der letzten überlebenden klassischen Route-66-Motels.

»Floyd, mein Mann, hat mir das Motel 1958 zur Verlobung geschenkt«, erzählt sie mir. »Damals hieß es noch *Blue Bird*, war bereits 18 Jahre alt und bestand nur aus einer Ansammlung von 14 kleinen Häuschen. Wir haben ein einziges Gebäude daraus gemacht und Garagen zwischen die Häuschen gebaut. Dann habe ich das Motel umgetauft: *Blue Swallow* hieß es von diesem Tage an, weil die Schwalbe der Vogel des Glücks ist.« Lillian Redman gibt mir das Wechselgeld und eine Karte mit folgendem Text:

Grüße an den Reisenden:
Vor langer Zeit haben die Menschen ein Gebet gesprochen »für den Fremden unter unserem Dach«. Und weil dieses Motel eine humane Einrichtung ist, die den Menschen dient und nicht nur ein Profitbetrieb, hoffen wir, daß Gott Ihnen Frieden und Ruhe gibt, während Sie unter unserem Dach weilen.
Möge dieser Raum und dieses Motel ihr »zweites« Zuhause sein. Mögen diejenigen, die Sie lieben, in Ihrer Nähe sein — in Gedanken und Träumen. Und selbst wenn wir Sie nicht wirklich kennenlernen, hoffen wir doch, daß Sie sich hier so wohl fühlen und so glücklich sein werden wie in Ihrem eigenen Heim.
Mögen die Geschäfte, die Sie zu uns gebracht haben, blühen. Möge jeder Anruf, den Sie tätigen, und jede Botschaft, die Sie bekommen, zu Ihrem Wohlbefinden beitragen. Wenn Sie aufbrechen, dann möge Ihre Reise sicher sein.
Wir sind alle Reisende. »Von der Geburt bis zum Tod« reisen wir zwischen den Unendlichkeiten. Mögen diese Tage angenehm für Sie sein, nutzbringend für alle Menschen, hilfreich für diejenigen, die Sie treffen werden, und eine Freude für alle, die Sie am besten kennen und am meisten lieben.
Herzlichst Ihre Lillian Redman,
Blue Swallow Motel, Tucumcari, New Mexico

»Bis zwei Uhr nachts bin ich auf«, sagt sie, »wenn Sie also noch etwas brauchen, kommen Sie rüber.« Ich fahre die wenigen Meter über den mit Kieseln bedeckten Innenhof und parke vor der Tür meines Zimmers. Ob das müde Gelb der Wände von einer Farbe oder den

Jahren stammt, ist schwer zu sagen. Auf dem abgewetzten Holzboden, der einmal weiß gestrichen war, liegt vor dem Bett ein kleiner grüner Teppich. Sonst ist das Zimmer fast leer. Ein kleiner Sessel steht in der Ecke. Der alte Schwarzweißfernseher, der auf einem rostigblinden Chromgestell steht, ist der einzige Kontakt zur Außenwelt. Ein Telefon gibt es nicht. Auf dem Nachttisch liegt die Bibel. Es ist eine spartanische Herberge, die nur von einer nackten Glühbirne an der Decke beleuchtet wird. Ein einsamer Ort. Ich kaufe einen Fön und mache mich daran, die Stiefel und die Jacke zu trocknen.

»Eigentlich hatte ich damals vor, mich mit dem Motel ein wenig von der ganz harten Arbeit zurückzuziehen«, erzählt Lillian Redman später, als ich sie noch einmal in ihrer Rezeption besuche. Der Raum dient ihr gleichzeitig als Wohnzimmer — mit einem Fernseher und vielen Bildern und vollgestellten Regalen an der Wand. »Doch daraus wurde nichts, denn das Leben als Motelier ist nicht leicht. Ich bin immer im Dienst, ohne Unterbrechung.«

Lillian Redmans Gäste sind heute meist Trucker und Touristen, die mit einem kleinen Budget auskommen müssen, und Reisende, die ihre persönliche Note so sehr lieben, daß sie immer wieder zurückkommen. »Viele, die bei mir übernachten, sind Stammkunden«, erzählt sie. »Eine bunte Mischung: Reiche und Arme, und viele von ihnen — da bin ich sicher — wissen nicht, wohin sie eigentlich unterwegs sind.«

Flackernde Neonzeichen in allen Farben durchfluten meinen Traum voller phantasievoller Schilder mit exotischen Namen: *Chief's Motel, Palomino, Tropical, Buckaroo, Apache, Lasso.* Am blutroten Himmel galoppiert Lucky Luke durch einen Hain schiefer Palmen. Am nächsten Morgen werde ich von einem zaghaften Klopfen an der Tür und einem freundlichen *Good Morning* geweckt. Eine charmante Abwechslung zu den Computerstimmen, die ich in vergangenen Tagen frühmorgens am anderen Ende der Leitung hatte.

Ein liebenswertes Relikt dieser ur-amerikanischen Institution Motel ist das *Blue Swallow*. Ein Überbleibsel aus einer längst vergangenen Zeit. Denn so wie die Interstate 40 hier in New Mexico die Route 66 ersetzt hat, so haben moderne und komfortablere Motor-Inns der landesweiten Ketten Holiday Inn, Quality Inn und wie sie alle heißen mögen, den meisten traditionellen von Ma und Pa geführten Familien-Motels den Garaus gemacht.

Laguna-Indianerreservat,
New Mexico.
Blechruinen in die
Landschaft geworfen.

Und es ist wohl nur eine Frage der Zeit, bis auch vom *Blue-Swallow*-Motel nur noch die Legende erzählt.

Was für eine seltsame Einrichtung diese Motor-Hotels, Auto-Courts, Motor Inns, Roadside Cabins, Motor Lodges eigentlich sind — Pilgerstätten des amerikanischen Mobilitätskultes. Nur die Straße scheint der amerikanischen Seele Erlösung zu versprechen. Das Motelzimmer am Rande der Straße ist in seiner Uniformität ein abstrakter Raum — ein Symbol der Bindungslosigkeit und Flucht.

Ich packe die Plastiktüten in die Satteltaschen und mache mich auf den Weg Richtung Westen. »Bis Montoya müssen Sie auf der Interstate fahren«, sagt Lillian Redman, als ich ihr den Zimmerschlüssel in die Hand drücke. Ihre blauen Augen glänzen im Morgenlicht, das durchs Fenster fällt. »Danach gibt es eine ganze Reihe alter Teilstücke — in ziemlich schlechtem Zustand allerdings, also seien Sie vorsichtig.«

Zwischen den enormen Trucks, die mir Angst einjagen, fahre ich auf der Interstate bis zur Ausfahrt Montoya. Nicht viel ist geblieben von diesem Dorf, in dem einmal über 100 Menschen gelebt haben. Ein zwei Meter hoher Zaun schützt eine alte Tankstelle mit antiken Zapfsäulen vor dem Zugriff notorischer Sammler. *Richardsons's Store* steht in schwarzer Schrift an einem Vordach, von dem die weiße Farbe schon lange blättert. Nichts rührt sich hier an diesem strahlenden Septembermorgen. Nur ein Briefkasten vor dem Zaun ist ein Indiz dafür, daß vielleicht jemand in der Nähe lebt. Ich verstaue die Kameras und fahre entlang eines Bahndammes Richtung Newkirk. Vorbei an kleinen Häusern und Lebensmittelgeschäften, die *Wilkerson's* und *Knowles Grocery's* heißen.

Von Cuervo windet sich der Highway als nahezu unbefahrbarer Feldweg nach Santa Rosa. Im Schritttempo balanciere ich das Motorrad vorbei an tiefen Schlag- und Matschlöchern. Einsam ist es hier draußen auf dem alten Highway. Ein paar grasende Kühe teilen sich die Fahrbahn mit mir und schauen erstaunt, als ich langsam an ihnen vorbeirolle. Hölzerne Telegrafenmasten aus einer Zeit, als Ford Model Ts den Highway bevölkerten, begleiten mich im Norden. Eine kleine Herde von Pferden grast freilaufend in der hügligen, kargen Landschaft. Als ich für ein Foto anhalte, dauert es nur wenige Sekunden, bis die Tiere neugierig ihren Kopf heben und mir entgegenstürmen. Mit meiner Kamera

laufe ich zum Straßengraben auf der anderen Straßenseite. Die Pferde versammeln sich um die Maschine und begutachten ihre Konkurrenz aus dem Maschinenzeitalter. Ein Bild, das mich nicht mehr losläßt, selbst als die Vierbeiner sich wieder aus dem Staub gemacht haben und ich mit der Maschine wieder auf dem Weg nach Westen bin.

Ein dicker Mann mit rosigem Teint lacht mir von einem Schild am Rande der Straße entgegen, als ich auf dem *Will Rogers Drive* nach Santa Rosa fahre. *Biscuits and Gravy* und *Club Cafe* steht auf dem Schild. Ob der halslose Genosse so zufrieden lacht, weil er gerade gegessen hat, oder ob er sich auf *Biscuits and Gravy* freut, ist nur schwer zu sagen.

Wer sich hinter dem dicken Mann und dem *Club Cafe* verbirgt, hatte ich schon Hunderte von Meilen weiter im Osten gehört. Denn Besitzer Ron Chavez gilt in der großen Gemeinde Highway 66 nicht nur als eloquenter Geschichtenerzähler, sein *Club Cafe* ist auch bekannt als eine Bastion gegen die öden Fastfood-Restaurants, die selbst hier in New Mexico in jedes kleine Nest hineinwuchern.

»Wer ist der fette Mann auf dem Schild?« frage ich Ron, der nur ein ganz klein wenig Ähnlichkeit mit der Figur auf der Tafel hat. Ron Chavez, ein untersetzter Mittfünfziger mit vielen grauen Strähnen in den einstmals dunklen Haaren, lacht und beginnt zu erzählen: »Der dicke Mann ist hier draußen in New Mexico bekannter als der Präsident. Er ist eine Idee von Phil Craig, dem vorigen Besitzer des *Club Cafes.* Eigentlich sollte der fette Mann eine riesige Serviette um den Hals haben und die Arme nach oben recken, als wolle er sich auf ein riesengroßes Steak stürzen. Irgendwie kam alles beim Malen ganz anders heraus. Und das ist die Geschichte des fetten Mannes. Er hat einmal von 26 Holztafeln entlang der Sixty-Six den Reisenden entgegengelacht und Reklame für das *Club Cafe* gemacht.«

Ron drückt mir eine Speisekarte in die Hand und winkt eine Kellnerin mit Kaffee an unseren Tisch. Und weil ich angesichts all der mexikanischen Gerichte ratlos bin, bestellt Ron eine Auswahl dessen, was ich nach seiner Meinung unbedingt versuchen muß.

»Ich wurde 1936 in einem kleinen Kaff mit dem Namen Puerto de Luna, ganz in der Nähe, geboren«, erzählt er, und ein milder spanischer Unterton klingt in seinem Amerikanisch mit. »Wir sind Nachfahren der

Grants, New Mexico.
Bier und Schnaps für
Navajos und Hopis.
The Small Bar.

spanischen Eroberer. Der Highway 66 war für mich damals etwas ganz Besonderes. Hier habe ich als kleiner Junge die ersten weißen Amerikaner gesehen. Menschen in lauten Hawaiihemden, Bermudashorts und mit Fotoapparaten. Denn in unserem Dorf, das so wie es war auch in Spanien hätte stehen können, lebten wir bis dahin völlig abgeschnitten vom restlichen Amerika. Obwohl wir ja offiziell Amerikaner waren, sprachen wir zu Hause immer spanisch.«

Während ich mich hungrig über blaue Chips und rote und grüne Salsa hermache, erzählt Ron Chavez aus seinem Leben: »Als Schuhputzer habe ich vor dem *Club Cafe* angefangen. Damals arbeiteten hier 18 Kellnerinnen, und der Laden war immer brechend voll. Später wurde ich Tellerwäscher, und schließlich zeigte mir Phil Craig, einer der Besitzer, wie man kocht und Sauerteigbrötchen bäckt. Route-66-Nostalgie gab es damals nicht, nur eine ganze Menge Arbeit. Die Straße selbst war ungehobelt und hart. Mein Vater fuhr nie mit weniger als acht Ersatzreifen los, wenn er sich auf den Weg nach Kalifornien machte.« Ron Chavez zupft an seinem Schnauzbart und schaut ein wenig nachdenklich.

»1972 wurde die Interstate gebaut, und Santa Rosa verwandelte sich über Nacht in eine Geisterstadt. Ich lebte damals in Kalifornien. Als mein Vater eines Abends anrief und mir erzählte, daß das Cafe billig zu haben sei, habe ich Sehnsucht bekommen.« Rons Blick streicht über Wände, an denen indianische Speere und Ölbilder mit Western-Szenen hängen. »Ich wußte, daß das *Club Cafe* ohne den 66-Verkehr ein totes Pferd war«, erzählt er, während wir das in Chili marinierte Schweinefleisch essen. »Und dennoch bin ich zurückgekommen. Ich erinnere mich genau an den ersten Tag. Ich saß mit meiner Frau von elf bis zwei Uhr am Tresen, und nicht eine einzige Seele kam hier rein.«

In der Zwischenzeit hat sich das geändert. Zuerst kamen die Einheimischen zurück und schließlich auch die Touristen. »Viele, die ihre erste Reise in den 50er Jahren auf der Route 66 gemacht haben, kehren zurück. Aus reiner Nostalgie. Neulich war eine Frau im Cafe, die begann plötzlich zu weinen. Als ich sie fragte, was passiert sei, erzählte sie, daß sie als kleines Mädchen in den 40er Jahren mit ihren Eltern auf der Route 66 nach Kalifornien gereist ist. Das Cafe hat alle ihre Erinnerungen an diese Reise zurückgebracht.«

Seit 1935 steht das *Club Cafe* in Santa Rosa an der Route 66. Gebaut wurde es von Floyd Shaw, einem Stra-

ßenbauingenieur, der den Verlauf des Highways Richtung Albuquerque vermessen hatte. Seit ein paar Jahren gibt es draußen am Dach des Restaurants auch ein Schild. *Original Route 66 Restaurant since 1935* steht darauf. »Man muß die Menschen erziehen und ihnen klarmachen, daß diese Straße unsere Geschichte ist. Die Route 66 ist pures authentisches Amerika«, sagt Ron. »Doch die Mystik des alten Highways ist nur für Augen, die sehen wollen — für Menschen, die suchen.«

Ron Chavez besteht darauf, daß ich mir auch die Küche seines Restaurants ansehe. »Schau her«, sagt er und nimmt den Deckel von einem Eimer, aus dem es grauenhaft stinkt. »30 Jahre ist dieser Sauerteig alt. Seit 30 Jahren machen wir unsere Sauerteigbrötchen damit. Und wäre ich hier nicht aufgewachsen, vielleicht wäre ich dann mit der Tradition und den Erinnerungen nicht so sorgfältig umgegangen. Vielleicht hätte ich dann den stinkenden Sauerteig einfach weggeworfen. Und damit die Möglichkeit, diese wunderbaren Sauerteigbrötchen zu machen.« Ron Chavez lacht verschmitzt. »Er stinkt gegen jeden Sturm an, dieser alte Sauerteig, aber er ist einfach phantastisch.« Ron redet, ohne Atem zu holen, und hat dabei auch noch Zeit, seinen Angestellten in der Küche kurze Anweisungen zuzunicken. »Das sind alles treue Leute, die hier schon zehn Jahre arbeiten«, sagt er, »und sie sind alle stolz auf das, was sie tun.«

Nichts macht Ron Chavez so wütend wie die Invasion der nationalen Fastfood-Ketten, die auch vor einem Nest wie Santa Rosa nicht haltmachen. »Die ruinieren alles. Das Essen kommt aus Maschinen, und es ist eine Menge Chemie drin. Ein Jammer! Aber ich beuge mich nicht. Wir frieren nichts ein, und ein Mikrowellenherd kommt mir nicht in die Küche. Wir kochen alles frisch, nach alten Hausrezepten.« Ron hält sich den Bauch. »Weißt du, New Mexico ist ein wunderbares Land«, sagt er. »New Mexico war nie der Schmelztiegel Amerikas. New Mexico war immer wie ein Mosaik. Hier gibt es die Traditionen der amerikanischen Ureinwohner. Wir, die Nachkommen der spanischen Eroberer, haben unsere Traditionen, und dann gibt es das weiße Amerika, alles beieinander. Alles an diesem alten, fast vergessenen Highway.«

Über den Pecos führt der Weg nach Westen. Zwei Versionen des Highways trennen sich hier. Die ältere Route, die bereits 1937 abgeschafft wurde, führt Richtung Nordwesten über Dilia, Romeroville und Pecos nach Santa Fe — die magische Stadt in den Bergen

Cuervo, New Mexico. Kühe und Ochsen auf dem Highway. Die Hauptstraße Amerikas als verlassener Feldweg.

New Mexicos. Santa Fe gilt als älteste von Europäern besiedelte Gemeinde westlich des Mississippi und ist heute einer der großen Kunstmärkte Amerikas mit unzähligen Galerien und teuren Restaurants. Ein Ort, den jedes Jahr Millionen von Touristen besuchen.

Doch seit 1937 bereits verläuft der Highway 66 in einer direkten Verbindung unter Umgehung der nördlichen Route geradewegs nach Albuquerque. Reisende in Richtung Westen konnten auf diese Weise gut einen halben Tag einsparen. Diese neuere Sixty-Six wurde schließlich zur Interstate. So sind nur dort, wo kleine Dörfer am Rande liegen, noch Originalabschnitte zu finden.

Der Geruch von Wacholder begleitet mich auf meinem Weg durch die Weite dieses Landes. Einige Meilen vor Moriarty liegt die *Longhorn Ranch*, ein einstmals kleines Cafe, aus dem schnell eine einträgliche Touristenfalle wurde: Cocktail-Lounge, Hotel, Restaurant, Andenkenladen, Wildwestmuseum und eine Bank eingeschlossen. Für besonders abenteuerlustige Touristen gab es selbst eine Fahrt mit einer Originalpostkutsche. Nur Ruinen sind geblieben und eine öde Tankstelle. Durch die zerschlagenen Fenster des Hotels pfeift der Wind, und ein verblaßtes Blechschild ächzt an einer Fahnenstange.

Nur die dichtbewaldeten *Sandia Berge* liegen noch zwischen hier und Albuquerque. Durch einen Canyon windet sich die Route 66 in die größte Stadt New Mexicos, die hier im weiten Tal des Rio Grande liegt. Als Central Avenue führt der Highway durch die Stadt — über Meilen gesäumt nur von Fastfood-Restaurants, den weiten Blechhalden der Autohändler, Tankstellen und Motels mit Namen wie *La Mesa, El Cid, Tradewinds* und *El Don*.

Die roten und blauen Neonröhren des *66 Diner* schneiden geometrische Linien in den Abendhimmel. Der Diner, in den späten 80er Jahren eröffnet, lange nachdem die Route 66 bereits Geschichte war, ist eine nostalgische Reminiszenz an das Amerika der 50er Jahre. Türkis, pink und verchromt funkelt es vom Tresen und aus den Nischen am Fenster. Zwei kleine Plastik-Flamingos starren von der Bar. Jerry Lee Lewis, der aus der Musicbox dröhnt, ein dampfender Cheeseburger, ein Berg dicker Home Fries, die rote Heinz-Tomaten-Ketchup-Flasche und ein Schokoladen-Sundae katapultieren mich geradewegs in die 50er Jahre.

Jack Rittenhouse, der den ersten Route-66-Führer aus dem Jahre 1946 geschrieben hat, lebt hier in Albuquerque, nur wenige Blocks von der Central Avenue entfernt. Mit einer freundlichen Stimme, die alt, aber bestimmt klang, hatte er mir am Vortag den Weg zu seinem Haus beschrieben. »Aus Deutschland? Natürlich sind Sie willkommen«, sagte er. »Schauen Sie einfach vorbei.«

Die Jalousien des sandfarbenen Bungalows sind geschlossen. Nur das Surren eines Ventilators ist hinter den Fliegendrahttüren zu hören. »Kommen Sie rein«, ruft eine Männerstimme. Jack Rittenhouse sitzt in seinem verdunkelten Wohnzimmer und nippt an einem Glas Eistee. Die dicken Gläser seiner Brille reflektieren das Licht der Lampen im Raum in vielen kleinen Punkten. Die Wände sind voller Bücherregale. »Wissen Sie, ich habe mein Leben lang an Bücher geglaubt«, sagt der alte Mann, der heute davon lebt, daß er antiquarische Sammlerstücke verkauft. »Wenn ich irgend etwas nicht wußte, habe ich einfach ein Buch gelesen. Und so wurde die Idee für den Reiseführer über die Route 66 geboren. Es gab ihn damals nämlich nicht. Also mußte er geschrieben werden.«

Jack Rittenhouse zeigt mir eine Originalausgabe des handlichen Führers. »Viele Menschen hatten Angst vor dem Highway, weil sie nicht wußten, was sie da draußen erwartet. Ich rechnete damit, daß eine ganze Menge Jungs, die aus dem Krieg zurückkamen, über den Highway nach Hause fahren oder erst mal Ferien machen würden«, erzählt er und zupft an seinem weißen Schnauzbart. »Alle wollten natürlich wissen, wo kann man übernachten, wo ist eine Werkstatt, wo eine Tankstelle. Viele glaubten, sie müßten mexikanisch sprechen oder Geld wechseln, wenn sie durch New Mexico fahren. All diese Ängste wollte ich den Leuten nehmen. Niemand wußte, daß die längste Entfernung zwischen zwei Tankstellen 50 Meilen war und man also nie mehr als 25 Meilen von der nächsten Tankstelle entfernt war – egal, wo man sich befand.«

Einen Dollar kostete das gelbe kleine Buch von Jack Rittenhouse damals. Mittlerweile wurde es von der *University of New Mexico Press* nachgedruckt und ist – siebenmal so teuer wie zum Zeitpunkt seines ersten Erscheinens – wieder überall im amerikanischen Buchhandel erhältlich. »Von der Erstausgabe habe ich damals 3000 Stück drucken lassen – alle wurden verkauft«, erzählt Jack Rittenhouse stolz.

»Ich arbeitete damals als Werbetexter in Los Angeles, als ich eines Tages die Idee für den Führer hatte. Zu diesem Zeitpunkt war ich die gesamte Route 66 schon mindestens sechsmal hin- und hergefahren. Im März 1946 machte ich mich auf den Weg, um noch einmal gründlich nachzurecherchieren. Mein Auto für die einen Monat lange Reise war ein schwarzes, zweitüriges *American Bantam*-Coupé Baujahr 1939. Ein kleiner Wagen mit nur 22 PS. Aber die Geschwindigkeitsbegrenzung nach dem Krieg lag wegen der Benzinknappheit bei nur 35 Meilen pro Stunde, also machte das gar nichts.«

Mit einem Notizblock auf dem Beifahrersitz und einer Corona-Reiseschreibmaschine im Gepäck machte sich der damals 34jährige auf den Weg. »Ich fuhr von Sonnenaufgang bis Sonnenuntergang. Nachts habe ich all meine unleserlichen Notizen mit der Schreibmaschine ins reine getippt und die Seiten meiner Frau Charlotte nach Los Angeles geschickt.« Heute ist es ihm fast ein wenig peinlich, daß er überall als Route-66-Spezialist gilt. »Ich war wirklich kein Experte. Ich war nur einer, der mit dem Notizblock losgefahren ist und aufgeschrieben hat, was da zu sehen war – jeder hätte das machen können.«

Daß aus dem Highway einmal die Legende *Sixty-Six* werden würde, auch das hat sich Jack Rittenhouse damals nicht träumen lassen. »Die Menschen brauchten Informationen, also habe ich sie ihnen gegeben. Als Straße der Sehnsucht gab es den Highway damals noch nicht.« Doch auch den Praktiker Jack Rittenhouse packen manchmal romantische Gefühle, wenn er an den alten Highway zurückdenkt: »Unsere Hochzeitsreise war ein Trip auf der Route 66«, sagt er. Charlotte Rittenhouse rückt mit ihrem Stuhl an den Tisch. »Ich habe damals zum ersten Mal Indianer gesehen und Landschaften, die ich nur aus Zeitschriften wie *National Geographic* und *Life* kannte«, erzählt sie so begeistert, als wäre die Hochzeitsreise erst gestern gewesen.

»Für die meisten Menschen war ein Trip auf der Route 66 verbunden mit einer ganz besonderen Erfahrung, einem besonderen Erlebnis, einer besonderen Zeit in ihrem Leben«, erzählt Jack Rittenhouse. »Für uns war es die Hochzeitsreise. Daran erinnert man sich, an die Menschen, die man getroffen hat, die Motelzimmer, in denen man gewohnt, die Restaurants, in denen man gegessen hat. Für viele Amerikaner waren es die ersten großen Ferien nach dem Krieg. Das alles hat natürlich

Tucumcari, New Mexico. »10.93 Dollar die Nacht, Steuer eingeschlossen.« Lillian Redman, Besitzerin des Blue Swallow Motels.

Bluewater, New Mexico. »Ein Leben lang in Arizona und Kalifornien Rinder begutachtet.« Thomas Lamance vor seinem Alterserwerb, einem Flohmarkt am Highway 66.

Albuquerque, New Mexico. »Den Menschen der Nachkriegsgeneration die Ängste vor der Reise quer durch Amerika genommen.« Reiseführer-Autor Jack Rittenhouse.

dazu beigetragen, die Sixty-Six zur Straße der Sehnsucht zu stilisieren. Deshalb haben viele Amerikaner einen Platz im Herzen für den alten Highway.« Jack Rittenhouse lächelt ein wenig verlegen und zeigt mir ein altes 66-Schild mit einer Spezial-Beschichtung, die nachts hell leuchtet, wenn das Licht eines Scheinwerfers daraufällt.

»An einigen der Teilstrecken hat sich auch in 45 Jahren nicht viel geändert. Östlich von Montoya zum Beispiel«, erzählt der Route-66-Pionier, der erst kürzlich wieder auf dem alten Highway gefahren ist. »Dort kann man wirklich genau sehen, wie die Straße einmal war. Sie hat noch genau dieselbe Breite, und der Seitenstreifen ist nicht richtig befestigt.«

Daß einige der Motels von damals immer noch geöffnet sind, wundert ihn: »Die Unterbringung war absolut spartanisch. Zwei oder drei Dollar habe ich für eine Nacht bezahlt. Dafür gab es meist kein Bad oder Klo im Zimmer. Der Boden war aus Beton, die einzige Heizquelle war ein kleiner Holzofen. Morgens war es da eisig kalt«, erinnert er sich.

Charlotte Rittenhouse steckt eine Cassette in den Videorecorder. »Kennen Sie Michael Martin Murphey?« fragt sie. »Er hat den Song *Get Your Kicks on Route 66* neu aufgenommen und das Video dazu hier in Albuquerque gedreht.« Wir sitzen andächtig vor dem Fernsehapparat und hören dem Countrysänger zu. »Es ist schon erstaunlich, was aus dieser alten Straße geworden ist, seit sie außer Betrieb ist«, sagt Jack Rittenhouse lachend. »Für die Menschen hier draußen war das damals so schlimm, als würde man den New Yorkern die Freiheitsstatue wegnehmen. Jeder hält es für selbstverständlich, daß sie da ist – und niemand interessiert sich für sie, aber wehe, wenn es jemand wagen würde, sie abzureißen.«

Es ist dunkel geworden, und ich quartiere mich im *El Vado* an der South West Central Avenue Nummer 2500 ein. Der alte Neonindianer leuchtet immer noch vor dem samtschimmernden Abendhimmel von Albuquerque. Und es scheint, als habe sich nur wenig an dem Adobe-Motel verändert, das hier 1937 gebaut wurde. Das helle Blau des Zauns um den wasserlosen Pool jedoch strahlt frisch. Im Hof steht ein *Airstream*-Wohnwagen, dessen rundes Chromdach die zahllosen Blautöne des Nachthimmels von New Mexico reflektiert.

Back under the management of Ali Hakam, steht auf dem

Mentmore, New Mexico. Route-66-Perspektiven. Ausblicke, die dem Interstate-Reisenden verwehrt bleiben.

Tucumcari, New Mexico.
»Weil die Schwalbe der
Vogel des Glücks ist.«
(Lillian Redman) Blue
Swallow Motel, 1958
umgetauft.

Banner über dem Eingang zur Rezeption. In einem Land, in dem es sonst die amerikanischen Motelbesitzer sind, die sich mit großen *American-Owned*-Schildern von der weitverbreiteten und ungeliebten indischen Konkurrenz absetzen, entbehrt dieses Banner nicht einer gewissen Ironie.

»Ich habe das Motel 1985 übernommen«, erzählt Ali Hakam und versucht das Kindergeschrei, das aus dem Wohnzimmer hinter der Lobby dringt, zu übertönen. »Am Anfang dachte ich, mein Gott, was für eine Bruchbude. Aber dann haben wir aufgeräumt und renoviert, und ich habe allmählich begriffen, was für ein besonderer Ort dieses Motel ist«, erzählt er, und sein dunkles feingeschnittenes Gesicht strahlt dabei: »Eine Nacht im *El Vado* ist wie eine Zeitreise. Das Motel und der Highway — das ist amerikanische Geschichte. In beidem steckt der Geist dieses Landes, und beide haben Abertausende von Geschichten zu erzählen. Man muß nur hinhören.«

Ein Jahr zuvor hatte Ali Hakam, der in Göteborg, Bremerhaven und Austin große Hotels geleitet hat, mit seiner Familie das *El Vado* verlassen. »Meinem Partner war das *El Vado* nicht profitabel genug. Er hatte andere Vorstellungen davon, wie das alte Motel geführt werden muß, also habe ich aufgehört«, erzählt er. »Doch dann habe ich es nicht mehr ausgehalten — ich hatte mich wirklich verliebt in das *El Vado*, und ich wollte zurück an den alten Highway 66. Als wir das Motel im Frühjahr wieder übernahmen, habe ich draußen das Banner aufgehängt.« Salma, Alis Frau, bringt einen Teller voller goldgelber Melonenscheiben, während wir am Tresen über den Highway 66 plaudern. »Viele Amerikaner haben ein so kurzes Gedächtnis, wenn es um ihre eigene Historie geht«, sagt Ali. »Das Neue verdrängt das Alte aus dem Bewußtsein der Menschen so schnell wie nirgendwo anders auf der Welt.«

Als ich im September 1991 wieder im *El Vado* haltmachen will, zuckt die Frau an der Rezeption mit den Schultern. Ein anderer Ali hat das *El Vado* übernommen. »Ali Hakam und seine Familie sind gegangen. Ich führe das Motel nur für einige Monate«, sagt er. »Dann wird es vermutlich abgerissen. Die Stadt will hier eine Durchgangsstraße bauen. Und auf der anderen Straßenseite soll ein Aquarium entstehen, das viele Touristen nach Albuquerque bringen soll.« Über den Verbleib von Ali Hakam, diesem Mann aus Indien, der Jahre seines Lebens über das Wohlergehen des alten Route-66-Motels gewacht hat, weiß er nichts.

Jeff Meyer von der Route-66-Association in Illinois las mir im November 1991 am Telefon einen traurigen Abschiedsbrief von Ali vor, den er an einige seiner Route-66-Freunde verschickt hatte: »Ich war ein Soldat, der versucht hat, die Stellung zu halten hier draußen an der Mutterstraße. Ich habe diesen Krieg verloren. I'm very much alive but I feel dead, a soul crying.«

Bevor ich am nächsten Morgen mit dem Motorrad Richtung Westen aufbreche, folge ich einem Tip von Ali und schaue in das *Casa Grande Restaurant* auf der anderen Straßenseite. »Ein ganz alter Route-66-Laden, in dem es gute *Huevos Rancheros* gibt — Frühstück zu jeder Tages- und Nachtzeit«, hatte Ali Hakam erzählt. Durch die Fenster scheint das grünliche Licht der Leuchtstoffröhren in die Morgendämmerung. Drinnen setze ich mich auf einen der am Boden angeschraubten Drehhocker.

»Kaffee, Orangensaft und *Huevos Rancheros*«, bestelle ich bei einer falschen Blondine in weinroter Uniform. Das *Casa Grande* hat den Charme einer Bahnhofshalle, die zum Wohnzimmer umfunktioniert wurde. An den Wänden hängen die Supermarktporträts zweier alter Indianerhäuptlinge und eine Reproduktion des *Letzten Abendmahls*. Die Theke ist mit ölig schimmerndem Ahorn-d-c-fix überzogen. Aus der Küche flackert eine kaputte Neonröhre. In einem gleichmäßig dünnen Film fließt der Orangensaft an den Wänden eines Glaswürfels. Zwischen zwei verstaubten Plastikblumen steckt in einer Porzellanvase eine amerikanische Flagge. Als ich in der Auslage unter der Kasse *White Owl*-Zigarren (Weiße Eule) entdecke, trifft mich ein Assoziationsblitz aus den 60er Jahren: *Gummibärchen, kalter Rauch, Hawaiitoast, Waldmeisterbowle...*

»Huevos Rancheros«, sagt die Bedienung und rückt sich lächelnd ihr weinrotes Häubchen zurecht. »More coffee?« fragt sie, und bevor ich noch antworten kann, kippt sie die braune Plörre in meine Tasse. Eine dicke Frau steckt zehn Cents in eine alte Waage, die neben der Eingangstür steht. Noch bevor das metallene Monster ihr Gewicht anzeigen kann, springt die dicke Frau ängstlich von der Plattform und huscht durch die Tür aus dem Restaurant.

Zwei Routen führen aus Albuquerque nach Westen. Eine im Jahr 1937 begradigte 66-Version durchquert die Vororte, bevor sie aus dem Rio-Grande-Tal steil in die weiten Hochebenen steigt und parallel zur Interstate 40

113

Montoya, New Mexico. Ein Zaun schützt vor dem Zugriff notorischer Sammler – Richardson's Store and Good Golf ist seit Jahren geschlossen.

in einer Geraden auf das Laguna-Indianerreservat zusteuert. Die ältere Sixty-Six führt auf der Barelas-Brücke über den Rio Grande, auf dem Isleta Boulevard nach Los Lunas und von dort als *State Road 6* auf die Hochplateaus. Gemächlich kreuze ich mit der Harley durch das Tal des *großen* Flusses, der sehr viel kleiner ist als sein Name und der das Land nur in seiner unmittelbaren Nähe begrünt. Schon wenige hundert Meter entfernt verwandelt sich die Farbe der Landschaft wieder in das helle trockene Gelb New Mexicos. Der Weg von Los Lunas Richtung Correo ist der Traum eines jeden Motorradfahrers. Der Asphalt ist in leidlich gutem Zustand, Verkehr gibt es praktisch nicht. Nicht weit von der Fahrbahn entdecke ich eine Reihe von Miniaturvulkanen. Ein trockener Wind bläst mir entgegen, und gegen alle Vernunft nehme ich hier draußen zum ersten Mal den Helm ab — ein Gefühl von Freiheit, das sich mit nichts in der Welt vergleichen läßt, auch wenn sich das anhört wie ein altes Klischee.

Links und rechts des Highways winden sich Bruchstücke einer noch älteren 66-Strecke um die Straße. Nur zu Fuß sind diese zugewucherten Asphaltfetzen noch zu begehen. Der Müll, der hier vor sich hingammelt, hat antiquarischen Wert. Alte Cola- und Bierdosen aus einer Zeit, in der man die praktische Lasche noch nicht kannte, zwei alte Pepsi-Flaschen und die Überreste eines alten Lederstiefels, in dem heute allerhand Getier zu Hause ist, liegen hier im Umkreis von nur zwei Metern. Rostiger Stacheldraht, auf dem der Wind ein melancholisches Lied singt, zäunt das Land hier überall ein. Zu meiner Idee vom Wilden Westen mag das nicht so recht passen.

Eine alte Brücke führt in der Nähe von Correo, einer Station, von der nur noch das Gebäude der *Wild Horse Mesa Bar* geblieben ist, über die Bahnschienen. In der Ferne heult eine Lokomotive der *Atchison, Topeka & Santa Fe*-Eisenbahn. Vor den rot leuchtenden Bergen donnern unter einem Watte-Wolken-Himmel riesige Trucks auf der Interstate gen Westen. Kurz hinter Correo trifft der alte Highway wieder auf die Interstate 40. Von hier erstreckt sich in westlicher Richtung das Laguna Indianerreservat. Ruinen von Pueblos, die aus flachen Steinen gebaut und mit Adobeschlamm verputzt wurden, stehen am Rande des Highways. Manche von ihnen sind mit Wellblechdächern notdürftig abgedeckt und scheinen bewohnt. Etwa zwölf Meilen südlich von Paraje liegt auf einem etwa 130 Meter hohen Felsen die

Manuelito, New Mexico.
Harley-Perspektiven.
Go West.

Himmelsstadt Acoma. 1000 Jahre bevor Coronado im Jahre 1540 nach New Mexico kam, war dieses älteste Indianer-Pueblo Nordamerikas bereits eine wohlfunktionierende Stadt.

Budville steht auf einem roten Schild am Dach einer stillgelegten Tankstelle. Der leere Rahmen eines *Phillips-66-Schildes* sitzt auf einer hohen weißen Stange und schneidet seine Wappenform in das dunkle Blau des Himmels. Als ich den Motor der Maschine abschalte, höre ich nur noch das Rauschen der Interstate in der Ferne. Heuschreckenschwärme springen mit jedem meiner Schritte aus dem tiefen, trockenen Gras. Budville ist ein Ort voller Autowracks, die auf den Halden entlang der Straße langsam vor sich hinrosten. Im harten Mittagslicht liegt am Ortsausgang eine *Drive-up-Bar*, die *Dixie's* heißt. Zwei Trucks stehen auf dem sandigen Platz vor der Kneipe. Ein alter schwarzer Hund liegt vor der Tür in der Sonne und langweilt sich.

Nicht weit von hier führt der alte Highway durch Cubero und Villa Cubero, zwei Siedlungen, von denen nur wenig geblieben ist. Die meisten Häuser sind verfallen, das umliegende Land vollgerümpelt mit allem, was ein zivilisierter Mensch im Laufe seines Lebens so ansammelt. Ernest Hemingway hat sich in dieses Route-66-Kaff zurückgezogen, um Teile seines Romans *Der alte Mann und das Meer* zu schreiben.

In dieser Region New Mexicos kreuzt die Route 66 die schwarzen Lavafelder des *Malpais* — des bösen Landes. Eine alte Navajo-Legende besagt, daß die scharfkantigen Gesteinsformationen das getrocknete Blut eines schrecklichen Monsters sind, das von den Zwillingsgöttern des Krieges erlegt wurde, als sie durch diesen Teil des Landes kamen. Die *Badlands* stellten die ersten Straßenbauer vor ernsthafte Probleme, und so versuchten die Ingenieure die Lavafelder so gut wie möglich zu umgehen, was dazu führte, daß der alte Highway 66 ein wenig richtungslos durch das Malpais mäandert. Jahre später, als die Interstate in diesem Teil New Mexicos gebaut wurde, standen mehr Geld und bessere Straßenbautechnologie zur Verfügung. Und so durchschneidet die I-40 die wilden Gesteinsformationen des *Malpais* heute linealgerade.

Über die *State Road 117* fahre ich nach Grants, eine Eisenbahnstadt, die in den 50er Jahren einen wilden Uranboom erlebte, nachdem ein Navajo-Indianer am Haystack Mountain eine Ader des kostbaren Erzes gefunden hatte. Sogar ein Uranium-Cafe hatte Grants

damals. Heute liegt die kleine Stadt in einem tiefen Schlaf. Ein paar Überlebende aus besseren Highway-66-Tagen kann man hier dennoch finden: *Pat's Lounge*, den *Speakeasy Grill* oder auch das *Los Alamos* und das *Zia Motel*. Ein großes grünes Kleeblatt, von dem die Farbe blättert, hängt am westlichen Ende der Stadt vor einer Kneipe im blauen Himmel. *The Small Bar* steht darauf in gelber und weißer Neonschrift. Ein zahnloser Indianer, der auf dem Gehweg in der prallen Mittagssonne sitzt, bettelt um einen Dollar für ein Bier und lallt: »No pornographic pictures allowed!«

Milan, Bluewater, Prewitt und Thoreau sind meine nächsten Stationen entlang des Highways. Die Sonne wirft tiefe Schatten in die dramatischen Felsformationen, deren blutrote Farbe gierig in das von Wolkenfetzen durchsetzte Blau des Himmels greift. Sechs Meilen westlich von Thoreau bin ich schließlich auf der *Continental Divide,* der Wasserscheide des amerikanischen Kontinents, die mit ihren 2182 Metern der höchste Punkt auf der gesamten Länge des Highways ist. Die *Continental Divide* trennt Flüsse, die nach Westen fließen, von denen, die in östlicher Richtung fließen. Und so landen die Regentropfen, die auf der Ostseite der Wasserscheide fallen, über den Golf von Mexiko im Atlantik. Regen, der auf der Westseite der Continental Divide fällt, fließt in den Pazifik.

Eine Tankstelle gibt es hier oben und einen *Trading Post*, in dem man Indianerschmuck und andere Andenken kaufen kann. Die späte Abendsonne ist so stark, daß mich selbst die verspiegelte Sonnenbrille nicht mehr schützen kann. Der tiefschwarze Schatten des Motorrades wird mit jedem Augenblick länger, bis ich seine groteske Form auf dem Asphalt im Osten schließlich kaum mehr erkennen kann. Licht wie auf einem fremden Planeten.

28 Meilen sind es noch bis Gallup. In der Dämmerung sehe ich die zahllosen, gelben Holztafeln am Rande der Straße, die für Indianerschmuck im Discount werben: Navajo-Teppiche 50 Prozent billiger, Hopi-Schmuck 60 Prozent billiger, Zuni-Sandbilder 40 Prozent billiger, Töpferarbeiten 70 Prozent billiger. Die roten Klippen des *Red Rock State Parks* erkenne ich nur noch als Silhouette vor dem dunkel schimmernden Abendhimmel, bevor ich nach Gallup fahre. Das Tor zum Indianerland nennt sich die vom großen Navajo-Reservat umgebene Stadt.

Den meisten Amerikanern gilt Gallup als Kalkutta Amerikas. Denn die Stadt ist das Mekka der unzähligen

Alkoholiker unter den amerikanischen Indianern, die hier Tag und Nacht die Straßen und die Schnapsläden unsicher machen. In der Ferne sehe ich die ersten Neonbänder rosa, blau und rot am Horizont flackern.

Wie eine Fata Morgana taucht im Staub des alten Highways an der östlichen Einfahrt nach Gallup zwischen billigen Motels, Bars, Pfandleihern und Indianerschmuck-Shops das *El Rancho* Hotel auf. *Über den weißen Säulen des zweigeschossigen Eingangsportals leuchtet an der Dachkante ein pinkfarbener Neonstreifen. The charme of yesterday — the convenience of tomorrow* steht darauf in türkisgrüner Schrift. 1937 von Filmproduzent R. E. Griffith im spanischen Tudorstil gebaut, ist das *El Rancho* ein liebevoll restauriertes Relikt aus einer Zeit, als Hollywood rief und die spektakulären Landschaften der Umgebung unzähligen Western als Hintergrund diente.

John Wayne hat hier geschlafen, Humphrey Bogart, Henry Fonda, Katharine Hepburn, James Cagney, Ronald Reagan, Alan Ladd, Errol Flynn, Maureen O'Hara, Spencer Tracy, Kirk Douglas, James Stewart und viele weniger bekannte Schauspieler, die in den 40er, 50er und 60er Jahren in der Umgebung von Gallup drehten. Jeder Raum des Hotels trägt den Namen eines Stars. Ich miete mich für 35 Dollar im Robert-Mitchum-Zimmer ein, einem freundlichen, wenngleich ein wenig engen Raum. Ob Robert Mitchum tatsächlich im Zimmer Nr. 204 geschlafen hat, konnte mir niemand im Hotel mit hundertprozentiger Sicherheit sagen. Aber allein der Gedanke war reizvoll genug.

Als ich später im Restaurant einen Ronald-Reagan-Burger bestelle — mit Jelly Beans als Beilage —, erzählt mir die dunkelhaarige Serviererin mit dem rundlichen Indianergesicht, daß John Wayne nach einem anstrengenden Drehtag einmal auf seinem Pferd durch die Seitentür des andalusischen Raums geritten ist. »*Ein Bier*«, soll er dem Barkeeper zugebrüllt haben, »*und gib meinem Pferd auch gleich eins*«, sagt die kleine Serviererin, auf deren Namensschild Mary steht.

Auch ein illegales Spielcasino mit Würfeltischen, Roulette, Poker und einarmigen Banditen hat es hier einmal gegeben. Und die Behörden drückten angesichts der prominenten Gäste aus Hollywood beide Augen zu. In den 60er Jahren, als die Tage des amerikanischen Westerns gezählt waren, blieben auch die Stars aus. Und als die Interstate den Touristenverkehr in einem Bogen um Gallup herumführte, kamen für das *El Rancho* Hungerjahre. 1987 ging das Hotel pleite und wurde für 586 000 Dollar an Armand Ortega verkauft, einen prominenten Geschäftsmann aus Gallup, der mit dem Handel von Indianer-Kunsthandwerk gutes Geld verdiente. 1,3 Millionen Dollar ließ Ortega sich die Renovierung kosten, bevor er das El Rancho im Mai 1988 wieder eröffnete.

Durch das offene Fenster des Zimmers höre ich in der Ferne den Santa Fe-Zug heulen. Ich träume von Winnetou und Old Shatterhand, von Mustangs, die wie Harleys aussehen, und von Jimmie Stewart, der mit einer Winchester ein Loch in einen Silber-Dollar schießt.

Als ich am nächsten Morgen auf dem Parkplatz vor dem Hotel meine Satteltaschen packe, rücken mir zwei

Albuquerque, New Mexico. Geschichten vom alten Neon-Indianer. »Eine Nacht im El Vado ist wie eine Zeitreise.« (Ali Hakam)

119

Laguna, New Mexico.
Eine Straße aus Biker-
Träumen. Route 66 im
»Land der Verzauberung«.

Continental Divide, New Mexico. Regen, der im Westen der Wasserscheide fällt, fließt in den Pazifik. Niederschläge im Osten fließen in den Atlantik.

Badlands, New Mexico.
»Das getrocknete Blut
eines schrecklichen
Monsters.« Eine Million
Jahre alte Lava im Malpais
zwischen McCartys und
Grants.

besoffene Navajos auf den Leib, die den Alkohol aus jeder Pore ihrer übergewichtigen Körper schwitzen. »Dollar«, fordern sie mit offenen Händen. Ihre langen schwarzen Haare kleben in öligen Strähnen an der narbigen Haut ihrer Wangen. Eine Mischung von Ärger, Mitleid und Hilflosigkeit beschleicht mich. Erst als ich jedem der beiden einen Dollarschein in die Hand gedrückt habe, torkeln sie in der Morgensonne zu Fuß auf dem Highway Richtung Westen.

Im *Plaza Cafe*, einem Diner, der wie aus einem ehemaligen Wohnmobil gewachsen scheint, halte ich für ein schnelles Frühstück und quetsche mich zwischen dicke Männer mit Cowboyhüten, die Ellbogen an Ellbogen an einem engen Tresen mit zu kleinen Barhockern sitzen. Mit vier großen Bechern Kaffee spüle ich die öligen Eier und die Hashbrowns hinunter, bevor ich in Richtung Arizona aufbreche.

Erwartungsvoll sinke ich an diesem Morgen in den tiefen Sattel der *Softail* und fahre durch Gallup, das kein Ende nehmen will. Motels, Indianerschmuck, Schnapsläden, Supermärkte, Fastfood-Buden und Autohändler säumen den Highway Meile um Meile. Von Mentmore führt ein alter und idyllischer Teil der Route 66 weit ab von der Interstate vorbei an Wohnwagensiedlungen und ärmlichen Häusern, die aussehen, als seien sie aus Pappdeckeln gebaut. Je näher ich der Grenze von Arizona komme, desto milder werden die Farben: das Grün, das leichte Braun, die Sandtöne und vor allem der Himmel, dessen Blau wie aus einem verblaßten Technicolorstreifen der 60er Jahre wirkt.

Gallup, New Mexico. »Indian jewelry 50% off.« Indianerschmuck zu Großhandelspreisen. Trading Post am Highway 66.

Montoya, New Mexico.
Verwandte aus einer
anderen Zeit. Wildpferde
an der Route 66.

Seite 130:
Thoreau, New Mexico.
»Legionen von 66-Reisenden ihre kaputten Autos repariert.«
Herman's Garage in der Nähe der Continental Divide.

Seite 131:
Albuquerque, New Mexico.
Schilder erzählen die Geschichte eines Landes. El Don Motel – Klassiker aus früheren Tagen amerikanischer Reiselust.

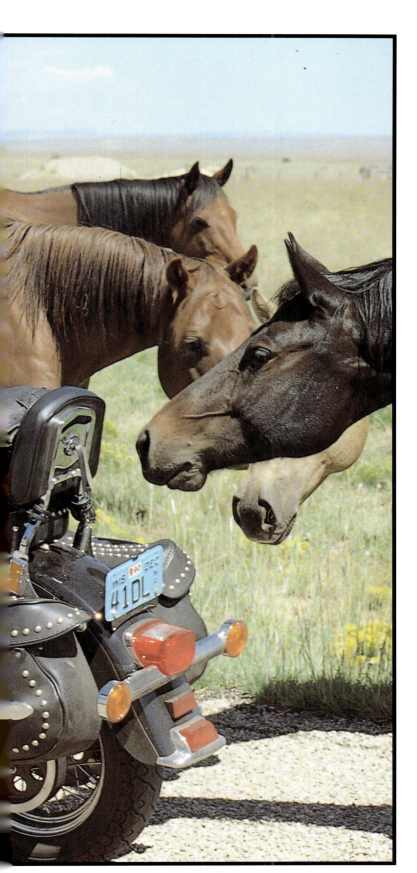

Santa Rosa, New Mexico.
»Am Highway 66 die ersten weißen Amerikaner gesehen.«
Ron Chavez, Nachfahr spanischer Eroberer und Besitzer des Club Cafe.

Longhorn Ranch, New Mexico.
Touristenfalle aus den 60er Jahren. Die Wildwest-Bank der Longhorn Ranch. Interstate 40. Ausfahrt 203.

Albuquerque, New Mexico: »Shakes, Malts und Sundaes.« Nostalgische Reminiszenz an ein heiles Amerika. Route 66 Diner, in den 80er Jahren eröffnet.

Seite 134:
Budville, New Mexico. Ruinen des 20. Jahrhunderts. Schrottplatz und Café am Ortseingang von Budville.

Seite 135:
Budville, New Mexico. Der leere Rahmen eines Phillips-66-Schildes schneidet seine Wappenform in den blauen Himmel.

133

Albuquerque, New Mexico. Geometrische Linien am Abendhimmel. Rote und blaue Neonröhren auf dem Dach des 66 Diner.

137

ARIZONA

141

Vorhergehende Seite: Seligman, Arizona. Überreste der ersten 66. Betonpisten, die im Nirgendwo beginnen und enden.

Oatman, Arizona. Spartanische Suite für eine Hochzeitsnacht. Clark Gable und Carole Lombard versteckten sich im März 1939 in Oatman vor dem Ansturm der Fans.

Winona, Arizona.
». . . don't forget
Winona . . .« Schon zu
Bobby Troups Zeiten
ein verlorenes Nest.

Licht am Ende der Welt

Ein sandiger Pastell-Schleier liegt über den Brauns, Blaus und Rots, die sich in der *Painted Desert* (Bemalte Wüste) im Nordosten Arizonas in zahllosen Schattierungen aufeinandergeschichtet haben. Über den hellblauen Himmel jagen Wolken, als habe sich die Zeit verdichtet. Ihre Schatten gleiten schwerelos über die unregelmäßigen Erhebungen der Wüste, verformen sich und lassen die Farben für kurze Augenblicke ersterben, bevor die Sonne sie wieder zum Leben erweckt. Scharlachrot, rubin-, rost- und cayennefarben leuchtet das Land. Gefärbt von demselben Eisen, das auch unserem Blut seine Farbe gibt.

Unweit der Einfahrt zu diesem Nationalpark, der von Osten nur über die Interstate zu erreichen ist, entdecke ich Überreste der alten Route 66, die sich als nahezu unbefahrbare *Dirt-Road* Richtung Osten in einer weiten Ebene verliert. »Zu Fuß meinetwegen«, sagt ein Park-Ranger, als ich mit der Maschine auf den ehemaligen Highway abbiegen will. »Zu befahren ist die Sixty-Six hier nicht mehr.« Hölzerne Telegrafenmasten, die nur noch an wenigen Stellen durch Drähte verbunden sind, stehen am Rande dieser Straße, deren Überreste durch privates Weideland nach Osten führen. Die Telegrafenmasten hatten der Straße ihren ersten Namen gegeben: *The Old Wire Road* hieß dieser Pfad, bevor aus ihm der Highway 66 wurde.

Im Süden der Interstate liegt der *Petrified Forest* (Versteinerter Wald), nach dem dieser Nationalpark benannt ist. Die vor Jahrmillionen versteinerten Baumstämme strahlen in brennenden Rot- und milden Blautönen. Eine Landschaft von bizarrer Schönheit — hart und unwirtlich. Dennoch gibt es hier Spuren menschlichen Lebens. Indianische Petroglyphen sind in die versteinerten Bäume geritzt. Und die Puerco-Ruinen unweit der Santa Fe-Eisenbahn erzählen von einer viele Jahrhunderte alten Zivilisation, deren Spuren um etwa 1400 verblassen. Die spanischen Eroberer, die 1540 in diesen Teil des amerikanischen Südwestens vorstießen, fanden nur noch verlassene Pueblos. Was mit den Menschen geschah, die hier einmal gelebt haben, das weiß bis heute niemand so recht.

An der Westgrenze des Parks, nur unweit der Interstate, glänzen in der späten Mittagssonne Relikte aus einer ganz anderen Zeit. Hunderte von Autowracks, mumifiziert vom trockenen Klima des Westens, liegen verteilt um einen Trailer, ein paar Ställe und ein kleines Haus. Aus einem Kamin steigt dünner, weißer Rauch in den Himmel. Die Neugier plagt mich, und als drei Meilen westlich des Schrottplatzes die Ausfahrt *Adamana Road* auftaucht, verlasse ich die Interstate und fahre zurück auf einer schmalen, alten Straße, die geradewegs zu dem Schrottplatz führt.

Zwei Hunde laufen bellend am Zaun entlang, als ich Fotos von den Autoruinen mache. Ein alter Mann in weißem Overall und gelber Baseballmütze kommt mir entgegen. Wie eine mechanische Puppe wiegt er seinen schweren Körper von einem Bein auf das andere. Unendlich langsam und mühevoll. Die Hunde bewachen das offene Tor und geben mir keine Chance, ihm auch nur einen Schritt entgegenzugehen.

»Was wollen Sie?« fragt er ein wenig unwirsch. »Ich würde gerne wissen, wer Sie sind und was Sie so weit ab vom Verkehr auf einem Schrottplatz an der alten Route 66 machen«, sage ich. Der alte Mann, auf dessen vom Schweiß getränkten Baseballmütze *Rocky* steht, dreht sich um und wackelt auf einen alten, rostigen Hudson zu. »1954 bin ich mit meiner Frau Helen hierher gekommen«, sagt er ein wenig freundlicher. »Damals war das hier die Route 66.« Der alte Mann zeigt auf die schmale, verfallene Straße, die ich gerade entlanggekommen bin. »Wir hatten eine Tankstelle, einen Abschleppdienst, eine Werkstatt, ein Cafe und einen Campingplatz. Mehr als zehn Leute haben für mich gearbeitet. *Rocky's Old Stage Station!* Rocky, das bin ich. Mein richtiger Name ist Nyal Rockwell.« Der alte Mann rückt seine dunkle Sonnenbrille zurecht, die ein wenig den Nasenrücken heruntergerutscht ist, und ruft seine beiden Hunde Zeus und Smokey, die bellend am Zaun entlanglaufen und die tausend Autowracks bewachen.

»Dieser Platz hier hat eine Geschichte, die viel älter ist als die Route 66«, murmelt der alte Mann. »Auf diesem Weg hier draußen ritten die Soldaten von Fort Defiance nach Fort Apache und zurück. Wo heute mein Haus steht, war die alte Kutschstation, die 1886 gebaut wurde. Und bevor die weißen Soldaten und Siedler kamen, benutzten die Indianer und die spanischen Eroberer diese Route. *National Old Trails Highway* hieß dieser Weg. Erst später ist daraus die Route 66 geworden.«

Painted Desert, Arizona.
Ein Ozean hinterließ
eine bunte Wüste.
150 Meilen lang und
an manchen Stellen bis
zu 30 Meilen breit.

Rocky öffnet die Kühlerhaube des alten Hudson. »Baujahr 1949«, sagt er. »Sieht der Motor nicht gut aus? Für 1625 Dollar können Sie den Hudson haben.« Rocky schiebt sich seine Mütze aus der Stirn und schaut mich fragend an. Ich schüttle den Kopf und deute auf das Motorrad. Rocky zuckt mit den Schultern. »1964 wurde hier draußen die Interstate gebaut. Mein Land wurde in zwei Teile geschnitten«, sagt der alte Mann. »Nicht einmal eine Behelfsausfahrt haben sie gebaut, und Richtung Osten hat der Zaun um den Nationalpark die alte Route 66 zur Einbahnstraße gemacht.« Rocky zuckt mit den Schultern und geht langsam um den alten Hudson. »Seither lebe ich am Ende einer Sackgasse. Die Interstate hat mein Geschäft erledigt. Vier Prozesse habe ich gegen den Staat Arizona geführt. Und schließlich bekam ich sogar eine Entschädigung.« Rocky hält sich seinen dicken Bauch und lacht ein wenig bitter. »Verhungert bin ich nicht, aber mein Geschäft hat mir das Geld auch nicht zurückgebracht«, sagt er. Rockys Blick streicht über die Autowracks, die ihn umgeben. »Bye«, sagt er abrupt und geht langsam zwischen den Wracks zurück zu seinem Trailer.

Von der Interstate fahre ich über den Business Loop 40 nach Holbrook. Die Route 66 führt als Navajo Boulevard und Hopi Drive mitten durch den Ort, der aus nicht viel mehr als Motels, Schnellimbissen, trostlosen Einkaufszentren, Tankstellen und Autohändlern zu bestehen scheint. Ein Gefühl der Einsamkeit und Depression beschleicht mich. Von Tag zu Tag fällt es mir schwerer, die abgewirtschafteten Kleinstädte in ihrer Uniformität zu unterscheiden. 15 graue Beton-Wigwams, die in einem Halbkreis am westlichen Ende von Holbrook an der Straße stehen, heitern mich auf. *Sleep in a Wigwam* steht auf einer großen Tafel. *Wigwam Motel* summen die gelben und weißen Neonschleifen am kühlen Abendhimmel.

In zahlreichen Büchern hatte ich über die amerikanischen Wigwam Villages gelesen. Doch nichts hatte mich auf den kuriosen Anblick der Beton-Teepees im Kontext einer Kleinstadt vorbereitet — Amerika pur. Frank Redford, ein weitgereister und wohlhabender Mann aus Indiana, hatte das erste *Wigwam Village* Anfang der 30er Jahre konzipiert. Inspiriert von einer Eisbude, die die Form eines Indianerzeltes hatte und in Long Beach, Kalifornien, stand, baute Redford 1933 in Horse Cave, Kentucky, sein erstes *Wigwam Village*. Ein Kuriosum waren Hakenkreuze, die als indianische

Hackberry, Arizona. »Beer, Wine, Pop, Food.« Alles, was der Mensch zum Leben braucht, im General Store an der Tankstelle.

Glückssymbole die ersten Teepees zierten, Ende der 30er Jahre jedoch übermalt wurden, als das Symbol schließlich fest in der Hand der Nationalsozialisten war. 1937 meldete Redford auf Anraten von Freunden ein Patent auf seine Idee an, aus der allerdings keine der typisch amerikanischen Erfolgsstories wurde. Nur sieben weitere *Wigwam Motels* wurden zwischen 1933 und 1950 gebaut. Und nur vier davon in Lizenz.

Einer der Lizenznehmer war Chester E. Lewis aus Holbrook. Mit den Plänen aus Kentucky machte er sich Anfang 1950 an die Arbeit und baute die 15 Wigwams in Eigenarbeit. Am 1. Juni 1950 wurde das Motel an der Route 66 eröffnet. Jedes der Betonzelte hatte ein komplettes Bad, eine Klimaanlage, und manche waren sogar mit breiten Doppelbetten ausgestattet. Ein Schlager vom Tag seiner Eröffnung, fiel auch das Wigwam-Motel in den 70er Jahren der Interstate zum Opfer, die einen schnellen Bogen um Holbrook schlug und der Stadt als Verbindung zum Schnellverkehr nur den *Business Loop* ließ. Lange Zeit war das Motel in einem traurigen Zustand und verfiel zusehends. 1988 erbarmten sich die acht Kinder von Chester E. Lewis und renovierten die kuriosen Teepees. »25 Dollar die Nacht einfach«, sagt die Frau an der Rezeption. »30 Dollar für zwei.« Doch selbst die Verlockung, in einem Teepee zu schlafen, kann mich nicht in Holbrook halten.

Ich folge der alten Sixty-Six nördlich der Interstate, nur um auch hier wieder in einer Sackgasse zu landen, an deren Ende die Ruinen eines Souvenir-Shops langsam verrotten. Richtung Joseph City ist der Highway in viele Teilstücke zerbrochen, und ich fahre über die Interstate weiter. Kurze und unzusammenhängende Asphaltfetzen liegen links und rechts der Fahrbahn, eingewachsen von Sträuchern und Gräsern, die Oberfläche im Wüstenklima verwittert. *Geronimo's Trading Post*, einer der zahllosen Souvenirläden, die seit Route-66-Tagen Touristen mit Kunsthandwerk und indianischem Kitsch aus Taiwan versorgen, hat hier am Rand der Straße überlebt. Ein Stuck-Teepee, von dem die Farbe blättert, steht in der Landschaft und ein alter Pferdewagen, für schnelle Wildwest-Assoziationen in der Pinkelpause. Ein monströses Kraftwerk nahe der Interstate zerstört die vermeintliche Idylle. Weiße Dampfwolken steigen aus den Schloten in den Abendhimmel, und ein dichtes Netz von Hochspannungsleitungen zerstückelt den Himmel gen Süden in zahllose kleine, blaue Schnipsel.

Gelbe Schilder mit einem kleinen, schwarzen Hasen, dem *Jackrabbit*, biegen sich am Rande der Interstate im Fahrtwind der LKWs. *Jackrabbit Trading Post* heißt einer der bekanntesten Souvenir-Shops des Südwestens, in dem sich Touristen auch heute noch mit allen erdenklichen Überflüssigkeiten eindecken. Ich kaufe eine Postkarte mit der Abbildung eines *Jackrabbit. Wer nicht an der Jackrabbit Trading Post haltgemacht hat, hat den Südwesten nie gesehen*, heißt es auf der Rückseite der Karte.

»Nehmen Sie die Ausfahrt *Old Hibbard Road*«, hatte die Frau in Holbrooks Wigwam Motel geraten, »dann kommen Sie auf einen sehr alten Teil der Route. Ziemlich ausgewaschen und kaputt ist diese Straße. Und es benutzt sie eigentlich auch niemand mehr. Aber wenn Sie vorsichtig sind, können Sie darauf bis nach Winslow fahren.« *Standing on a corner in Winslow Arizona, such a fine sight to see, it's a girl my Lord in a flatbed Ford, slowing down to take a look at me...* Mir geht Jackson Brownes Song *Take it Easy* nicht aus dem Sinn.

Wie ein geheimnisvoller Pfad, der die hellbraune Farbe der Landschaft angenommen hat, windet sich der alte Highway durch die Wüste Arizonas — um Felsen und Steinformationen, über den *Cottonwood Wash* und eine auseinanderbrechende Brücke, die sich über den *Little Colorado River* spannt. Krähen sitzen auf bleichgrauen Holzpfählen, die unvermittelt in der Landschaft stehen.

Schon nach wenigen Meilen hat sich die Route 66 weit von der Interstate entfernt. Einsam ist es hier, und als ich für ein paar Fotos anhalte und die Maschine abschalte, kann ich zum ersten Mal nur das Hitzeknakken des Motors hören, denn selbst der Wind, der im Westen so allgegenwärtig ist, hat sich plötzlich gelegt.

Die Euphorie zu beschreiben, die mich hier am Ende der Welt erfüllt, auf einer Straße, auf der nur manchmal noch ein blasser Mittelstreifen nach Westen deutet und die zu den Rändern hin einfach übergeht in Wildnis, ist schwer. Die späte Abendsonne macht die Welt zu einem überdimensionalen Schattenriß. Ein einsamer, schwarzer Bulle hebt den Kopf, als ich mit der Maschine langsam an ihm vorbeiziehe. Ich spüre meine verbrannte Nase und die Insekten, die an meinem Gesicht zerplatzen.

Als ich schließlich nach Winslow komme, ist es Nacht. *Drive Right Motel, Easy Eight Motel* und *Earl's American Owned,* das mit einem alten, schmutzig-weißen Schild für *sehr saubere Zimmer* wirbt, geben mir einen Vorgeschmack auf die Nacht. Zu müde für eine

147

Seligman, Arizona.
»Für junge Leute ist der Highway heute eine konkrete Erfahrung mit amerikanischer Geschichte.« Barbier Angel Delgadillo.

Truxton, Arizona.
»... was für eine tolle Straße dieser Highway doch ist.« Ein Leben an der Route 66. Mildred Barker vom Frontier Cafe.

Suche, checke ich ein. Ein Raum wie aus der Bühnenanweisung zu Sam Shephards *Fool for Love*: »Kahles billiges Motelzimmer am Rande der Mojave-Wüste. Verblichene grünverputzte Wände. Dunkler, brauner Linoleumboden. Keine Teppiche... Das Bett ist mit einer blauen Frotteetagesdecke abgedeckt. Ein Metalltisch mit einer abgenutzten gelben Resopal-Beschichtung...«

Ich lege mich für einige Minuten auf das Bett, das unter meinem Gewicht in der Mitte eine tiefe Mulde bildet. Durch die dünnen Wände höre ich die Stimmen zweier Männer, die sich um Lebensmittelmarken und Bargeld streiten. Ich lausche eine Weile, dann schalte ich den Fernseher ein. Tammy Wynette singt *Stand by your Man*.

»ID — Man«, sagt ein bulliger Indianer, als ich in einer Bar am westlichen Ende von Winslow ein Bier bestelle. Wortlos gebe ich ihm meinen Führerschein. Eine Countryband besingt die blausten Augen von Texas. Mit einer Taschenlampe leuchtet der Indianer zuerst auf den Führerschein und dann in mein Gesicht. »Okay«, sagt er und gibt mir den Führerschein zurück. Nur wer nachweisen kann, daß er über 21 Jahre alt ist, bekommt hier Alkohol. Ein zerknittertes Gesicht beweist im Wüstenstaat Arizona nicht viel.

»Kämpfst du?« fragt ein anderer Indianer, der sich zu mir an die Bar gesellt hat. Sein Gesicht ist voller Narben, und er trägt eine große Brille mit einem Metallrandgestell. Seine schwarzen Haare hängen in Strähnen über die massigen Schultern. »Nein«, sage ich erstaunt.

Der Indianer legt zwei große Messer auf die Bar. »Schau her«, sagt er und deutet auf ein kleines Messer, das zwischen den Fingern seiner geballten Faust herausragt. »Was machst du, wenn du Ärger kriegst?« fragt er. »Ich versuche Ärger aus dem Weg zu gehen.« Der Indianer lacht ein kurzes, stimmloses Lachen, das ich nicht recht deuten kann.

»Marvin«, sagt er, und seine beiden Arme bleiben dabei vor seinem tiefen Oberkörper verschränkt. »Mein indianischer Name ist Maz. Ich bin *Navajo-Krieger*.« Marvin zeigt mir seinen narbigen Arm, auf den die Buchstaben MAZ tätowiert sind. »Rache ist die Gerechtigkeit der Indianer«, sagt er unvermittelt und gestikuliert dabei auf eine Weise, die mich verunsichert, weil ich sie nicht recht deuten kann. »Holger«, sage ich, »meine Name ist Holger. Ich komme aus Deutschland.« Marvin nimmt einen Schluck aus seiner Budweiser-Dose und nickt. Ich sitze mit einem echten Indianer in einer Bar mitten im Wilden Westen, geht es mir durch den Kopf.

»Jesse Walter«, sagt Maz, »ich kenne einen Deutschen mit diesem Namen. Er ist Maler. Er hat ein paar Tage hier draußen verbracht und mir ein Buch geschenkt, mit abstrakten Bildern drin und einem deutschen Text, den ich nicht verstehe.« Maz schaut mich fragend an, auf eine Weise, die feindselig wirkt und dennoch neugierig. »Deutschland ist zwar kein sehr großes Land«, sage ich. »Aber es leben mehr als 80 Millionen Menschen dort. Von einem Jesse Walter habe ich nie gehört.« Maz nickt. »Dann mußt du das Buch sehen und mir sagen, was drin steht. Es ist in meinem Trailer, ein paar hundert Meter von hier.«

»Hast du schon mal von Winnetou gehört«, frage ich ihn. »Winnetou?« fragt Maz. »Ja, Winnetou, ein edler Häuptling aus den Romanen eines deutschen Schriftstellers, der Karl May heißt. In Deutschland kennt die Bücher jedes Kind. Winnetou, der Apachen-Häuptling, war unser großes Idol.« Maz lacht sein stimmloses Lachen. »Ein edler Apache – das kann nicht sein. Die Apachen sind grausam und dumm. Eigentlich sind sie unsere Brüder, aber sie haben sich vor langer Zeit von uns abgespalten. Sie nennen sich wie wir, *Dineh* – das Volk. Jahrhundertelang haben die Apachen den Südwesten terrorisiert, geplündert, gemordet und gestohlen. Alle Völker haben sich vor ihnen gefürchtet. Nur wir, die Navajos, nicht.« Maz streicht sich die strähnigen Haare aus dem Gesicht und zerquetscht die leere Budweiser-Dose in seiner rechten Hand.

»Auch die Navajos waren Banditen«, sagt er stolz, »aber wir sind ein schlaues Volk, wir haben gelernt von den fremden Stämmen, die wir unterworfen haben. Wir haben alles Fremde aufgesogen und in unsere eigene Kultur integriert. Wir haben den Südwesten wirklich beherrscht.« Mit seinem Arm, die Bierdose noch in der Hand, deutet Maz in eine imaginäre Ferne. Die Steel-Guitar der Country-Band heult.

Obwohl Maz mir nicht geheuer ist, fahre ich mit ihm in den heruntergekommenen Trailer-Park am westlichen Ende von Winslow, um mir das Buch des deutschen Künstlers Jesse Walter anzuschauen und um zu

151

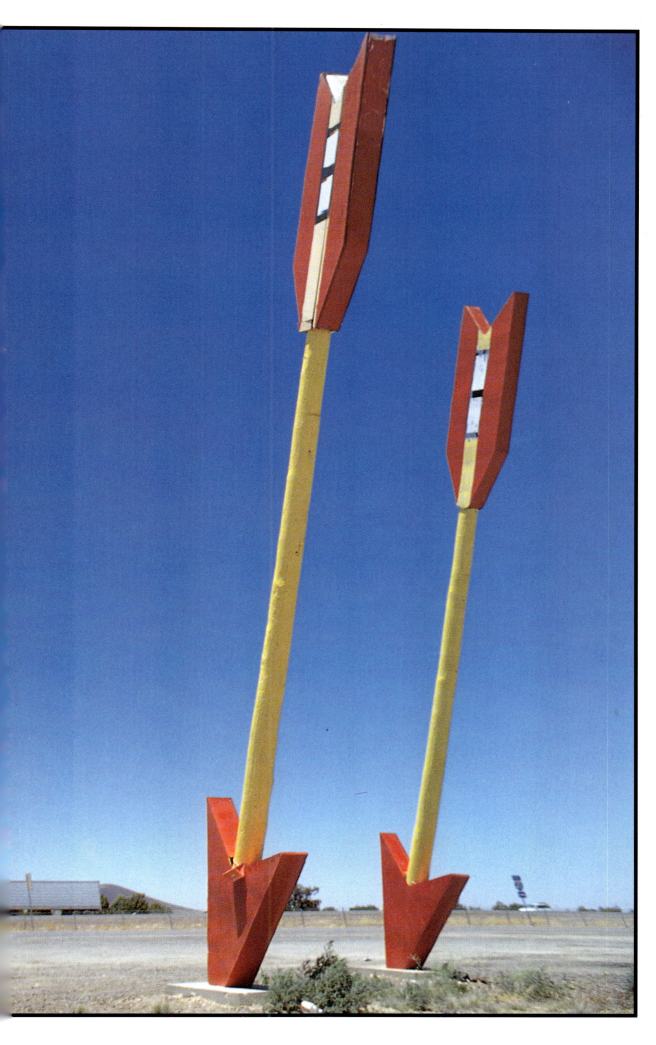

Twin Arrows, Arizona. Legendärer Truckstop an der Interstate 40. »Geschmorte Klapperschlangenhüften, Eidechsenzungen-Pudding und geröstete Hasenohren...«

Canyon Diablo,
Arizona.
»Einen toten Gangster
ausgegraben und mit
einer Flasche Whiskey
die letzte Ehre erwiesen.«

sehen, wie ein *Navajo-Krieger* lebt. *Auch die Navajos waren Banditen*, hatte Maz noch vor zehn Minuten erzählt. Ein Pitbullterrier liegt an einer Metallkette vor der Tür des Wohnwagens und kläfft mörderisch in die sternenklare Nacht. Maz lacht und krault das Tier hinter den Ohren. Dann öffnet er die Tür des Wohnwagens. Das Licht einer nackten Glühbirne fällt auf eine versiffte Matratze, auf Gerümpel, schmutziges Geschirr und ein goldgerahmtes farbiges Familienporträt, das in einem Fotostudio aufgenommen wurde. »Das sind meine Leute«, sagt Maz. »Sie leben im Norden — im Reservat.«

Ich blättere den signierten Bildband von Jesse Walter durch. »Ein ungewöhnlicher Vorname für einen Deutschen«, sage ich. Maz zuckt mit den Schultern und gibt mir einen Maiskolben, den er in einem unterirdischen Feuer in der Erde gegart hat. Die Maiskörner schmecken nach Rauch und sind hart. »Ich habe seit einem Jahr keinen richtigen Job mehr gehabt«, sagt Maz. »Keine guten Zeiten für einen Navajo-Krieger.« Ich nicke. »Es ist furchtbar, was euch in eurem eigenen Land passiert ist«, sage ich ein wenig hilflos.

»Auf dein Mitleid kann ich verzichten«, sagt der Indianer nach ein paar langen Sekunden. »Du bist Deutscher«, sagt er. »Was soll der Quatsch. Ihr wart auch nicht besser. Diejenigen von euch, die nach Amerika gekommen sind, haben beim Indianerschlachten kräftig mitgemischt, und die, die zu Hause geblieben sind, haben später ein paar Millionen Juden umgebracht.«

Dublöderindianer, denke ich wütend, was weißt du schon. Maz sieht mir die Empörung an. »Reg dich nicht auf«, sagt er und grinst. »Laß uns zurück in die Bar fahren und noch ein paar Dosen Bier trinken.« Als wir wieder am Tresen stehen, sehe ich auf seiner Mütze einen goldenen Anstecker. *Jesaja 40-31* steht darauf.

Als ich ein wenig später im Nachttisch meines armseligen Motelzimmers eine Bibel finde, blättere ich nach Jesaja 40-31: ... *aber die auf den Herrn harren, werden neue Kraft bekommen, daß sie auffahren mit Flügeln wie*

Adler, daß sie laufen und nicht matt werden, daß sie wandeln und nicht müde werden.

In *Joe's Place*, einem Cafe am Ende von Winslow, treffe ich am nächsten Morgen Janice Griffith, die Historikerin der kleinen Stadt. Über Spiegeleiern mit Speck erzählt sie mir eine kuriose Geschichte: »Winslow ist ein Ort voller obskurer Stories, und diese hier ist so haarsträubend, daß sie über Jahrzehnte überall im Westen kursierte.«

»Das Ganze passierte im April 1905. Winslow war damals ein wilder Ort voller Saloons, Hurenhäuser und Spielhöllen. Der Samstag war kaum ein paar Minuten alt, als zwei junge Männer durch die Schwingtüren des Wigwam-Saloons an der dritten Straße kamen und an der Bar einen Whisky bestellten. Als sie am Würfeltisch von Frank Ketchum beträchtliche Berge mit Silber-Dollars entdeckten, fackelten sie nicht lange, zogen ihre *Six-Shooter* und begannen sich die Jackentaschen mit den schweren Silber-Dollars zu füllen. Na ja, und binnen weniger Augenblicke waren die beiden dann auch wieder verschwunden.« Janice nickt und nippt an ihrem Kaffee.

»Am nächsten Tag bekamen Deputy J.C.N. Pemberton und sein Boss Sheriff C.I. Houck, der aus Holbrook zu Hilfe gekommen war, einen Tip. Jemand hatte gesehen, wie die beiden Jungs auf einen Güterzug gesprungen waren und bis zum Canyon Diablo etwa 20 Meilen westlich von Winslow mitfuhren. Tatsächlich fanden Houck und Pemberton die beiden Räuber. Doch so einfach wollten die sich nicht ergeben. Es kam zu einer wilden Schießerei, bei der binnen weniger Augenblicke 21 Kugeln abgefeuert wurden. Das Ergebnis: Ein Bandit war tot, der andere schwer verletzt. Viele haben sich damals gefragt, wie so gute Schützen 21 Kugeln verballern konnten, ohne daß dabei mehr passierte, denn die Männer standen ja kaum zwei Meter voneinander entfernt. Jedenfalls stellten der Sheriff und seine Deputy 271 Silber-Dollars sicher und begruben den toten Räuber.«

»Die Nachricht von der Schießerei erreichte den Wigwam-Saloon kurz nach Mitternacht. Mehr als ein Dutzend Cowboys hingen an der Bar und spekulierten darüber, wie der arme Bandit wohl erschossen wurde. Dazu muß man wissen, daß Sheriff Houck nicht gerade populär war in Winslow — nicht bei den Cowboys. Jedenfalls erinnerte sich ein Mann namens Sam Case daran, daß die beiden Räuber vor ihrem Beutezug zwar einen Whisky bestellt und bezahlt, aber nicht angerührt hatten. *Ha*, sagte Case, *und Sheriff Houck hat ihm mit Sicherheit keinen Whisky verabreicht, bevor er ihn unter die Erde gebracht hat.*« Janice Griffith schmunzelt. »Die Geschichte ist wirklich wahr«, sagt sie.

»Eine Horde betrunkener Cowboys machte sich noch in der Nacht auf den Weg nach Canyon Diablo, um den toten Banditen auszugraben und ihm seinen letzten Whisky einzuflößen. In den frühen Morgenstunden war es soweit: Die 15 Cowboys holten die Leiche aus dem Kiefernsarg und steckten dem toten Räuber den Hals einer Whiskyflasche zwischen die Zähne. Das Ganze hatte als Witz begonnen und endete ernst und feierlich. Denn viele der Cowboys waren in gewissem Sinne selbst *Outlaws*, und einige von ihnen haben sich wohl erkannt in diesem Toten, dem sie da auf so seltsame Weise die letzte Ehre erwiesen.«

Ich schaue ungläubig. »Die Geschichte ist wahr«, wiederholt Janice Griffith. »Hier sind Fotokopien der Fotos, die einer der Cowboys mit einer Kodak-Kamera

Seligman, Arizona. Neonschleifen am Abendhimmel weisen den Weg. Supal Motel: ein Zuhause für eine Nacht.

gemacht hat.« Auf zwei der Fotos sind zwei Cowboys zu sehen, die den Toten an den Armen aufrecht halten. Seine Augen sind geschlossen, und sein Gesicht ist zu einem maskenhaften Lächeln verzogen. Auf einem dritten Bild ist das offene Grab zu sehen und sechs Cowboys, die im Hintergrund stehen.

Vorbei an dem von Jahren schwer geschundenen *Tonto Drive-In Theatre*, das lange schon keine Filme mehr zeigt, fahre ich, die Sonne im Rücken, gen Westen. Der Highway existiert westlich von Winslow nur noch in Bruchstücken, und so fädle ich mich in den Schwerverkehr, der auf der Interstate Richtung Kalifornien donnert. An der Ausfahrt *Two Guns* überquere ich die I-40 über eine Brücke nach Süden. Eine kleine Straße, deren Asphalt nach etwa 50 Metern zu Ende ist, führt zu drei verfallenen Zapfsäulen und einer Steinruine, auf der in blaßblauer Schrift *Mountain Lions* steht. Hinter den Käfigen, die mit zerrissenem Draht abgedeckt sind, öffnet sich nach Süden der *Diablo Canyon*, eine Schlucht mitten im flachen Land – mehr als 30 Meter tief. Zu Fuß gehe ich über eine alte Brücke, die sich über den Canyon spannt. Ein warmer Wind aus Südwesten streicht durch die Ruinen von *Two Guns*, und in manchen Augenblicken scheint es, als ob er das Brüllen der Pumas mit sich trägt, die ihr klägliches Dasein in einem Route-66-Miniaturzoo mit Ausblick auf die große Freiheit gefristet haben. Am Horizont verschwindet der Highway, einem Feldweg gleich, in der Weite des Weidelandes.

Links und rechts streckt sich die Prärie zum Horizont, gelb und braun und unendlich flach. Ein Bild aus tausend Western, tief eingegraben in die Wildwest-Phantasien eines Deutschen. Vor mir ragen die *San Francisco Peaks* mehr als 4000 Meter in den Himmel. Neben einer Tankstelle, vor der zwei Dutzend schwere Trucks parken, stecken zwei gut acht Meter lange, leuchtendrote Pfeile in spitzem Winkel in der Erde. *Twin Arrows* (Zwillingspfeile) heißt diese Raststätte.

Sanft steigt die Interstate in die hüglige Landschaft des Coconino-Nationalwalds. Nur 50 Meilen westlich von Winslow verändert sich die Vegetation zusehends. Die ersten Bäume am Fuß der Berge sind noch kümmerlich, doch mit jeder Meile, der ich mich Flagstaff nähere, wird der Kiefernwald dichter und grüner. In kleinen Teilstücken taucht der Highway 66 links und rechts der I-40 auf – hinter Bäumen, zwischen Lichtungen und Hügeln. Doch erst ab Winona ist die alte Route 66 wieder als durchgehende Straße Richtung Flagstaff zu befahren. Durch eine fast alpenländische Landschaft gleite ich in weiten Kurven, vorbei an saftigen Weiden und durch schattige Waldstücke.

Als Santa Fe Avenue führt die Route 66 durch Flagstaff, vorbei an unzähligen Motels mit Namen wie *Twilite Motel*, *Sage Motel*, *66 Motel* und *The Westerner*. Die unmittelbare Nähe des Grand Canyon und das alljährliche Indianer *Pow-Wow* bringen Jahr für Jahr Millionen von Touristen nach Flagstaff – auch heute, nachdem der Highway 66 nurmehr die Hauptstraße durch den Ort ist und die Interstate einen großen Bogen um die Stadt macht.

Als ich im Zentrum von Flagstaff an einem der zahlreichen Liquor-Stores vorbeigehe, in denen in den USA alle Getränke verkauft werden müssen, die mehr Alkohol haben als Bier, stockt mir der Atem. Gegenüber einer Wand mit Regalen voller Bourbon-, Scotch- und Wodka-Flaschen liegt in einer langen gläsernen Vitrine auf grünem Samt ein ganzes Arsenal von Handfeuerwaffen: Glocks, Colts, Berettas, Smith & Wessons und sogar eine deutsche Walther PPK. Die von Hand geschriebenen Preisschilder sind mit kleinen Bändchen säuberlich am Abzug festgebunden. An der Wand über der Vitrine hängt ein Regal voller Winchester- und Remington-Jagdgewehre, daneben das ernste Kriegsgerät: AK-47 Schnellfeuergewehre, UZI Maschinenpistolen und eine handliche Ingram.

»Einen Führerschein brauchst du, und auf einem Fragebogen mußt du erklären, daß du nicht vorbestraft bist«, antwortet der Bärtige hinter der Kasse auf meine Frage, ob ich eine dieser Waffen kaufen könnte. »Irgendwas Besonderes im Auge?« fragt er. Ich schüttle den Kopf. »Ingrams haben wir im Angebot und die Glock 9MM. Superteil. Kommt aus Österreich. Extrem leicht. 17 Schuß im Clip.« — Alles über den Ladentisch des Schnapsladens für den Nahkampf mit Rehen und Hasen. Ich steige in den Sattel und drücke den Anlasser. Wie eine leuchtend weiße Schlange liegt die Straße in schwarz-grünen Wäldern saftiger Wiesen. Der Schatten eines Bussards begleitet mich auf meinem Weg nach Williams. Nur 60 Meilen vom Grand Canyon entfernt,

Linke Seite:
Flagstaff, Arizona.
Chinesische Küche für
Generationen von
Cowboys und Indianern.
Grand Canyon Cafe an
der Santa Fe Avenue.

Seligman, Arizona.
»Tote Hühner und
Hamburger ohne
Ham...« Spaßvogel
Juan Delgadillo im
Snow Cap.

157

Adamana, Arizona. »Seit fast drei Jahrzehnten am Ende einer Sackgasse.« Nyal Rockwell auf seinem vom Verkehr abgeschnittenen Schrottplatz.

Oatman, Arizona. »Keine Zimmer mehr zu vermieten.« 1924 eröffnet, seit 1983 unter Denkmalschutz: das Oatman Hotel.

ließ sich diese kleine Stadt auf dem Coconino Plateau den Zusatz *Tor zum Grand Canyon* als Markenzeichen eintragen. Mehr als 15 000 Touristen kamen täglich durch Williams auf ihrem Weg zu Amerikas großem Naturwunder.

Doch auch Williams hat die Zeit schließlich eingeholt. Als letzte Stadt an der alten Route 66 wurde sie am 13. Oktober 1984 vom Durchgangsverkehr abgeschnitten. Zur Einweihung des letzten sechs Meilen langen Abschnitts der Interstate 40 kamen Reporter aus dem ganzen Land. Sogar Bobby Troup war erschienen, um seinen Hit *Get Your Kicks on Route 66* zu singen. Mehr als zwei Jahrzehnte hatte es gedauert, bis ein Netz aus fünf Interstates den alten Highway komplett ersetzt hatte. Wenige Monate später beschloß die *American Association of State Highways and Transportation*, die US Route 66 offiziell abzuschaffen und die Schilder überall abmontieren zu lassen. Ein bürokratischer Akt, der vielen in der Seele schmerzte und seinen Zweck nicht erfüllte. Er trug nur weiter zum Mythos der Straße bei.

So steil führt die Interstate von Williams hinunter nach Ash Fork, daß der Gestank verbrannter Bremsbeläge für einige Meilen den Nadelduft des Waldes verdrängt. In einer Auffangrampe stehen vier Monster-LKWs und warten auf einen kühleren Augenblick. Die Ausfahrt *Crookton Road* ist die erste Möglichkeit zurück auf den alten Highway. Eine Brücke über die I-40 gibt den Blick frei auf drei Generationen Straße. Unter mir zischen die Trucks auf der Interstate Richtung Kalifornien. Nördlich strecken sich zwei Generationen des Highway 66 in das Hügelland Arizonas. Doch nur die jüngere Version ist noch befahrbar.

Wenige Meilen vor Seligman stehen mitten in der Landschaft die Seitenwangen einer alten Brücke. Die Straße, die zu dieser Brücke führte, ist nur noch unter einem grünen Wall zu erahnen, der sich bereits völlig eingepaßt hat in die Natur. Schwere weiße Wolken mit dunkelgrauen Unterseiten und vielen Grauschattierungen in der Mitte ziehen über den klaren Himmel nach Osten. Links und rechts finde ich unter Büschen immer wieder Asphaltstücke, die mich gefangennehmen wie archäologische Fundstücke aus einem anderen Zeitalter.

Sitgreaves Pass, Arizona. »Fahrzeuge, die den steilen Grat Richtung Osten nicht schaffen, können in Goldroad einen Abschleppwagen anheuern, der das Auto hinauf auf den Gipfel zieht.« (Jack Rittenhouse 1946)

162

Seligman, Arizona. Von Hand gepumpt. Benzin für 15 Cents die Gallone.

Holbrook, Arizona. Nur auf Neonschildern populär: Indianer im Wilden Westen.

22mal zieht Angel Delgadillo die Klinge über den nassen Schleifstein. Ein Ritual, das er mit kontrollierten Handbewegungen zelebriert. »Elfmal auf jeder Seite«, sagt er, »dann weiß ich, sie ist scharf.« Angel nimmt das Ende eines schweren Leders und zieht die Klinge über die speckige Oberfläche. »Dieses Leder hat einmal meinem Vater gehört«, sagt er. »Es gibt der Klinge seit mehr als fünf Jahrzehnten das samtene Finish.«

Der Raum ist erfüllt vom frischen Geruch des Seifenschaums. Mit heißen Tüchern vorgeweicht, sitze ich in einem alten Barbierstuhl, dessen Porzellanlehnen meine sonnenverbrannten Arme kühlen. »Mein Vater hat den Stuhl 1929 in St. Louis gekauft«, sagt der Barbier. »Für 196 Dollar und 50 Cents. Viel Geld — damals.« Seit 42 Jahren ist Angel, ein weißgelockter Mann mit einem singenden mexikanischen Akzent, Barbier in Seligman. Vom Fenster seines Salons kann er hinaussehen auf den Highway 66. Mit einer lockeren Handbewegung zieht er mir die Klinge über die Wange und beginnt aus seinem Leben zu erzählen:

»Ich wurde 1927 an der Route 66 in Seligman geboren, nur etwa 20 Meter von hier. Damals war die Straße nicht viel mehr als eine *Dirt-Road*, kaum richtig befestigt. Mein Vater war Maschinist bei der Santa Fe-Railroad. Aber 1922, nach einem langen Eisenbahnerstreik, sattelte er auf Barbier um.« Mit Zeigefinger und Daumen der linken Hand spannt Angel die Haut über meiner Oberlippe. Regungslos starre ich in einen großen Spiegel, um den zahllose Visitenkarten an die Wand gepinnt sind.

»Als damals in den 30er Jahren die ersten *Okies* durch Seligman kamen, haben wir uns als Kinder ziemlich lustig gemacht über die Leute, die vor den Staubstürmen Richtung Kalifornien flohen: Autokarawanen mit müden, zerlumpten und geschundenen Leuten kamen durch Seligman, ganze Familien, meist drei Generationen, saßen in den alten Autos. Und diese Kisten waren fast alle in einem schrottreifen Zustand. Wir Kinder saßen am Straßenrand und haben Witze gemacht: *Reiche Okies* haben wir die genannt, die zwei Matratzen auf dem Autodach hatten. *Arme Okies* waren solche, die nur eine Matratze hatten. Es war eine ziemlich schlimme Zeit. Die Menschen hatten Hühnerkäfige im Gepäck

Crookton Road Exit, Arizona.
Drei Generationen 66. Im Vordergrund die Interstate 40. Dahinter mit zwei weißen Trucks der noch befahrbare Highway 66. Rechts im Bild die erste 66, die in Arizona in den späten 20er Jahren asphaltiert wurde.

Ashfork, Arizona. Kinderspiele machen surreale Welten – Spielzeugauto an einer vergessenen Tankstelle geparkt.

Ed's Camp, Arizona. Wüstenflohmarkt an der Route 66. Ungeheure Mengen von Gerümpel für Sammler mit großem Kofferraum.

und Anhänger voll mit Ersatzteilen und Reifen, damit sie ihre Autos reparieren konnten.«

Mit einem Handtuch zieht Angel nach jedem Schnitt den Schaum und die Barthaare von der Klinge. Sein Gesicht strahlt ohne Unterbrechung, wenn er vom Highway 66 erzählt: »Als der Krieg zu Ende war, wurde alles besser. Die Autos waren besser und die Menschen begannen zu reisen. In den 40er und 50er Jahren boomte das Geschäft, und jeder Ort machte eine Tankstelle oder ein Motel oder eine Werkstatt auf.«

Das Läuten der alten Glocke über der Glastür zu seinem Barbier-Shop reißt Angel aus seinem Erzählfluß. Ein Cowboy wie aus der Marlboro-Reklame kommt durch die Tür und nimmt seinen Hut artig ab. »Edmond Davis!« ruft Angel Delgadillo. »Wie geht's dir?« Edmond murmelt »fine«. »In zehn Minuten bin ich soweit«, sagt Angel. »Okay«, sagt der wortkarge Cowboy und stiefelt davon. »Ihm gehört die Diamond A Ranch – big!« Angel dehnt dabei das i in big, als wolle er damit 300 000 Hektar Land beschreiben.

»1947 war ich also mit der Schule fertig«, erzählt Angel weiter, »und fuhr auf der Route 66 nach Pasadena, Kalifornien, um dort zur Barbier-Schule zu gehen. Wenige Monate später kam ich zurück und wurde Lehrling in einem Barbier-Salon in Williams an der Sixty-Six. Nur einmal habe ich den Highway verlassen und bin nach Mexiko gereist – um zu heiraten!«

Angel wischt mir den Schaum vom Hals und cremt mein Gesicht mit der weißlichen Substanz aus einem seiner Töpfe. »Am 21. Mai 1950 übernahm ich den Friseurladen meines Vaters in eigener Regie. Um neun Uhr morgens habe ich aufgemacht. Mein erster Kunde war Tommy Martinez, ein guter Freund aus der Schule, dem ich erzählt hatte, daß mein erster Kunde nicht bezahlen müßte. Der Laden lief vom ersten Tag an. Die 50er und 60er Jahre waren wirklich gut. Doch dann ließ sich plötzlich jeder die Haare wachsen, und zu allem Unglück haben sie da draußen die Interstate gebaut.«

Die Glocke läutet und Edmond, der Cowboy, steht wieder in der Tür. Diesmal ist Angel bereit. Mit einem elektrischen Rasierapparat beginnt er Edmond zu scheren. »Am 22. September 1978 um drei Uhr mittags

Ed's Camp, Arizona.
Mit Einschußlöchern
übersät. Das rostige
Kactus-Kafe-Schild auf
dem Weg nach Oatman.

wurde die Interstate 40 eingeweiht. Der Verkehr durch Seligman brach von einer Stunde auf die andere ab. Bis zu diesem Zeitpunkt kamen hier täglich neun- bis zehntausend Autos durch. Wir konnten kaum die Straßenseite wechseln, so viel Verkehr war hier. Und dann war alles vorbei. Vier Tankstellen und drei Motels haben wir seither verloren.« Mit der Klinge schabt Angel den eh schon roten Nacken von Edmond sauber und rasiert die kurzen Haare um die Ohren aus, wie sich das für den klassisch amerikanischen *Flattop*-Schnitt gehört.

»Mein ganzes Leben lang war die Route 66 ein Teil meines Alltags. Das wurde mir so richtig erst an dem Tag bewußt, an dem wir den Highway an die Interstate 40 verloren haben. Aber ich wollte nie weg von hier. Also habe ich mich entschlossen, um diesen Ort zu kämpfen.« Angel nickt. »Mit Freunden aus Nachbardörfern habe ich 1986 die *Historic Route 66 Association* gegründet und begonnen, Briefe an Politiker zu schreiben. Schließlich hat der Staat Arizona am 20. November 1987 die 156 Meilen von Seligman nach Topock zur historischen Straße erklärt. Ende der 80er Jahre bekamen wir sogar neue Route-66-Schilder auf dieser Strecke, und seither kommen die Touristen aus aller Welt. Jeder Bundesstaat hat in der Zwischenzeit eine solche *Route 66 Association*, und der US-Kongreß hat Gelder für eine Studie vergeben, um zu sehen, wie man den gesamten Highway erhalten und zu einem Denkmal machen kann.«

Fünf Dollar und fünfzig Cents bezahlt Edmond Davis für seinen Haarschnitt. »Als ich angefangen habe, kostete ein Haarschnitt nur einen Dollar und eine Rasur 75 Cents«, sagt Angel und strahlt. In einem Nebenraum, der mit unzähligen alten Nummernschildern dekoriert ist, hat Angel eine Vitrine voller Route-66-Andenken und T-Shirts. In einem Regal sammelt er Magazine und Zeitschriften mit Geschichten über die Route 66. Es sind Magazine aus der ganzen Welt. »Das Schöne ist, daß heute so viele junge Leute kommen. Für die ist der Highway eine ganz konkrete Erfahrung mit amerikanischer Geschichte. Denn viele Menschen, die damals an der Sixty-Six lebten, sind immer noch hier und können aus ihrem Leben erzählen. Die Menschen kommen heute an den Highway, um zu finden, was sie glauben verloren zu haben – ein authentisches Stück Amerika.« Angel deutet aus dem Fenster. »Das da draußen«, sagt er, »das ist Amerika, das ist das wirkliche Amerika.«

Nur ein paar Schritte weiter verkauft Angels Bruder

Holbrook, Arizona. Touristenträume vom Wilden Westen. Beton-Teepees mit modernstem Komfort.

Two Guns, Arizona. ». . . als ob ein Wind das Brüllen der gefangenen Pumas durch die Ruine trägt.« Überreste eines Miniaturzoos an der Route 66.

Juan im *Snow Cap*, einem Drive-In-Restaurant, Milch-Shakes und andere Highway-Standards – gewürzt mit Amerika.« Angel deutet aus dem Fenster. »Das da draußen«, sagt er, »das ist Amerika, das ist das wirkliche Amerika.«

Nur ein paar Schritte weiter verkauft Angels Bruder Juan im *Snow Cap*, einem Drive-In-Restaurant, Milch-Shakes und andere Highway-Standards – gewürzt mit einer gehörigen Portion Humor. Hamburger ohne Ham, Cheeseburger mit Käse und tote Hühner stehen auf der Speisekarte. Niemand verläßt das *Snow Cap*, ohne von Juan nicht wenigstens einmal auf den Arm genommen worden zu sein.

Wie so viele Orte an der Route 66 ist auch Seligman eine alte Eisenbahnstadt. In der Nacht höre ich im Halbschlaf das Heulen des Zuges und das rhythmische Schlagen der eisernen Räder auf den ausgefahrenen Gleisen. Hank Williams singt den *Lonesome Whistle Blues*, und ich träume von alten Dampflokomotiven und von Hobos, die auf vollbeladenen Güterwagen sitzen und gen Westen fahren.

In der Morgendämmerung breche ich auf. In einem Corral am Ortseingang ist Edmond mit seinen Cowboys bereits bei der Arbeit. Das Brüllen der Kühe verschwindet in der Ferne, als ich auf einer viele Meilen langen Geraden durch das weite Aubrey-Tal fahre. Wie die Büffel einer großen Herde wirken die dunklen Büsche in der weiten Prärie.

Die ersten gelben Strahlen der Morgensonne erwecken die Landschaft zum Leben. Das flache Grau der

Dämmerung weicht leuchtenden Farben, und lange Schatten zeichnen erste Konturen in das weite Land. Links des Highway entdecke ich eingewachsen von Sträuchern und Gräsern stillgelegte Teile der allerersten Route 66. *Grand Canyon Caverns* steht auf einem Schild vor einem Motel, das einsam im Niemandsland kauert. Den Indianern sollen die Caverns einmal als Versteck gedient haben. Seit ihrer Entdeckung im Jahre 1927 waren Touren durch diese Höhlen für Jahrzehnte eine Attraktion entlang dieser Strecke.

In einem weiten Bogen schneidet die Route 66 durch die südliche Ecke des Hualapai-Indianer-Reservates. Peach Springs heißt der Stammessitz der Hualapai am alten Highway. Die blauen Tür- und Fensterrahmen eines verlassenen Motels leuchten in der Morgensonne. Der Hof davor ist zugewuchert mit Gräsern und Büschen. Gegen den Himmel strahlt ein rotes Schild mit der Aufschrift *EAT*, doch zu essen gibt es in dem dazugehörigen Cafe schon lange nichts mehr. Die Fensterläden sind mit Holzbrettern vernagelt. Eine Schule, eine Polizeiwache und ein Untersuchungsgefängnis stehen unweit der Straße. In den Hügeln liegen Autowracks, durch deren Motorräume Sträucher wuchern. Drei kleine Indianerjungs galoppieren mit ihren Ponys Richtung Ortsausgang.

»Ich erinnere mich noch genau an den Tag, als ich Nat King Cole im Radio *Get Your Kicks on Route 66* singen hörte. Damals dachte ich zum ersten Mal, was für eine tolle Straße dieser Highway doch ist.« Mildred Barker steht am Tresen des *Frontier Cafe* in Truxton und gießt mir Kaffee in eine schwere Porzellantasse.

»Ich wurde an der Route 66 geboren, nicht in Arizona, sondern in Oklahoma, genauer gesagt in Sayre, Oklahoma. Aufgewachsen bin ich in einer anderen Route-66-Stadt: in Grants, New Mexico.« Mildred Barker streicht sich ihre Schürze glatt und lächelt. »Als mein Mann Ray und ich 1970 das *Frontier Cafe* und das dazugehörige Motel übernahmen, hatten wir jeden Tag ein volles Haus. Draußen standen die Trucks nebeneinander aufgereiht. Für sechs Dollar konnten die Fahrer bei uns übernachten. Doch die Zeiten sind lange vorbei. Heute kostet ein Zimmer 26,58 Dollar inklusive Steuer, und wenn in der Woche drei Zimmer belegt sind, ist das eine Sensation.«

»Eier, Speck, Hashbrowns und Toast«, wiederholt sie. »Die Eier *sunny side up*.« Die sonnige Seite nach oben — so verlangt man in Amerika ganz gewöhnliche Spiegeleier. Ich nicke und Mildred Barker verschwindet in der Küche ihres Cafes. Mein Blick fällt auf ein Westerngemälde, mit einem eisamen Reiter, der von einem Felsen in die Ferne schaut. Daneben ist ein altes Coca-Cola-Schild an die Wand geschraubt. In den Ecken an der Decke hängen goldfarbene Lautsprecher aus den 50er Jahren, auf denen der Name *Wurlitzer* steht und die zu einer alten Musicbox gehören. Sonnenstrahlen fangen sich in Türmen von braun-transparenten Plastikbechern, die hinter dem Tresen nebeneinander gestapelt sind.

»1989 starb mein Mann Ray. Und eigentlich bin ich auch schon im Pensionsalter«, sagt Mildred Barker, als

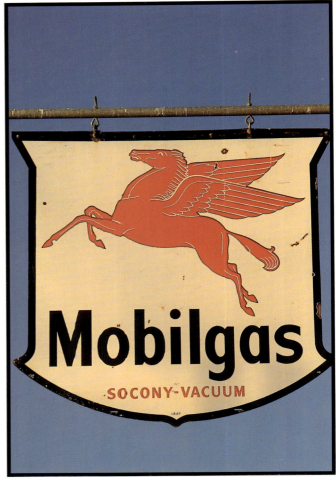

sie mir das Frühstück bringt. »Aber einfach aufhören, das kann ich nicht. Und seit Angel zusammen mit Ray 1984 die *Historic Route 66 Association* gegründet hat, wird auch das Geschäft hier im *Frontier Cafe* mit jedem Jahr wieder besser. Die Trucker kommen zwar nicht mehr, doch dafür haben wir jedes Jahr mehr Touristen, die hier Station machen auf ihrer Route-66-Entdeckungsreise«, sagt Mildred Barker und poliert mit einem rot-weiß-karierten Tuch eine gläserne Kanne. »Von sechs Uhr morgens bis zehn Uhr abends haben wir jeden Tag auf. Das heißt um fünf Uhr morgens aufstehen und um Mitternacht ins Bett.«

Die Glocke über der hölzernen Tür schellt, und ein Hualapai-Indianer und seine Frau lassen sich mit ihrem kleinen Kind zum Frühstück in einer der Sitznischen an einem Fenster nieder. »Hallo, wie geht es euch«, sagt Mildred Barker. »Gut«, sagt der Indianer. »Und selbst?« Mildred Barker nickt. »Das Übliche«, sagt der Indianer, und Mildred verschwindet in der Küche, ohne eine weitere Frage zu stellen.

Durch das Fenster sehe ich zwei Schilder. *The Beale Wagon Trail* und *Will Rogers Highway* ist auf ihnen zu lesen. »Was bedeuten diese Schilder?« frage ich Mildred Barker. »Lieutenant Edward Beale kam 1858 während einer Exkursion entlang des 35. Breitengrades durch. Aus dem *Beale Wagon Trail* wurde später der *National Trails Highway*, eine unbefestigte Straße hier durch den Westen. Und ein ganzer Teil der Route 66 von Fort Defiance im heutigen New Mexico an den Colorado River folgt diesem Trail. Beale kam damals mit einer Kamelkarawane – die Tiere waren für das trockene Klima offensichtlich besser geeignet als Pferde und Maultiere. Jedenfalls heißt es, daß Beale die Quellen hier nach seiner Mutter Emily Truxton Beale und nach seinem Großvater Comodore Thomas Truxton benannt hat. Als dann 1951 dieser Ort hier an der Route 66 entstand, war wohl Truxton der naheliegendste Name.«

Will Rogers Leben spult sie ab, als hätte sie seine Geschichte gerade eben erst gelesen: »Er war Amerikas Cowboy-Philosoph, er war Schauspieler, Humorist, Zeitungskolumnist. Er war wohl der beliebteste Mann seiner Zeit. Einer, der mit allen Präsidenten befreundet war. Einer, der in schwierigen und komplizierten Zeiten den gesunden Menschenverstand verkörpert hat. Er wurde 1879 in Oklahoma, im Indianer-Territorium geboren und hat Cherokee-Blut in den Adern. Er starb 1935 bei einem Flugzeugunglück in Alaska. Als 1952 sein Leben verfilmt wurde, hat die *Route 66 Association* ihm den Highway gewidmet und Schilder aufgestellt mit der Aufschrift *Will Rogers Memorial Highway*. Einer seiner bekanntesten Sätze war: *Ich habe über alle berühmten Männer meiner Zeit Witze gemacht. Aber ich habe nie einen Mann getroffen, den ich nicht mochte.* Und wenn ich mich nicht irre, steht dieser Satz sogar auf seinem Grabstein.« Mildred Barker lächelt. »Get Your Kicks on Route 66«,

murmelt sie. »Meine Güte, würde ich dieses Stück gerne wieder einmal hören.«

Das wettergebleichte Holz der verfallenen Corrals westlich von Truxton schimmert silbergrau in der brennenden Mittagssonne des Septembertages. Wacholderbüsche säumen den Highway, der durch weites Weideland in den Crozier Canyon und weiter bergab nach Valentine führt. Raben sitzen auf der Straße und hacken mit ihren spitzen Schnäbeln im blutigen Bauch eines Stinktiers, das den Zusammenstoß mit einem Auto nicht überlebt hat. Hackberry heißt die letzte Siedlung, bevor ich über eine sieben Meilen lange Kurve in das unendlich weite Hualapai-Tal komme. In einer 20 Meilen langen Geraden zielt der Highway vorbei an einem Golfplatz Richtung Kingman, wo die Sixty-Six als Andy-Divine-Boulevard durch die Stadt führt.

»McConnico Unterführung. Am Stoppschild nach Westen unter der Interstate durch und immer die Oatman Road entlang«, sagt Charly, ein Mechaniker, der aussieht wie ein Hell's Angel und mir die Schrauben des Rücklichts nachzieht, das schon seit 200 Meilen ununterbrochen klappert. »Dann bist du auf der alten 66. Ziemlich kurvig ist es die Berge rauf nach Oatman. Wenn du ein bißchen aufdrehst, hast du dort in den Kurven soviel Adrenalin im Blut, daß es dir für den Rest des Jahres reicht!«

Vorbei an einer stinkenden Müllkippe fahre ich die Oatman Road in Richtung der Black Mountains. Das

Holbrook, Arizona.
Von Fans gerettet und wieder aufgehängt. Altes Shell-Schild am Route 66 Cafe.

Valentine, Arizona.
Schilder aus der Vergangenheit zeigen den Weg nach Westen.

Hackberry, Arizona.
Den langen Weg nach Westen nicht geschafft. Autowrack in der Landschaft.

Ashfork, Arizona.
Die »magischste Straße der Welt« im Hügelland Arizonas.

Hualapi-Reservat, Arizona.
Indianerspiele zwischen alten Autowracks an der Route 66. Hualapi-Kinder auf ihren Ponies.

Land ist steinig und unwirtlich. Nur Kakteen, Yuccapalmen und niedere Sträucher wachsen hier links und rechts der Straße. Schilder warnen vor Springfluten. In engen Serpentinen windet sich der Highway den Gold Hill hinauf. Die sandige Fahrbahn in den Kurven und die kaum befestigten Straßenränder, die in steile Abhänge abbrechen, jagen meinen Puls immer wieder für Sekunden nach oben.

Verankert in einem Felsen am Berg über dem Highway glänzt ein verbeultes weißes Schild in der Sonne. *Kactus Kafe* steht darauf. Eidechsen und Schlangen sonnen sich auf den warmen Steinen und im heißen Sand. Das *Kactus Kafe* entpuppt sich als eine der Wellblechhütten in *Ed's Camp*, einem Wüsten-Flohmarkt mit ungeheuren Mengen von Gerümpel. Für manische Sammler ein wahres Paradies. Doch die Tür zum Cafe ist verschlossen, und auch von einem Ed ist weit und breit nichts zu sehen.

Fast drei Meilen windet sich der Highway zum Sitgreaves-Paß hinauf. Mit jeder Kurve rücken die Berge enger zusammen, schieben sich voreinander, öffnen immer neue Panoramen, bis ich schließlich hinunter in die kalifornische Wüste sehen kann. Die Wolken vor dem dunkelblauen Himmel sind weit in der Tiefe des Raumes verteilt, so unwirklich wie das Bild eines Malers, der die dreidimensionalen Effekte seiner Kunst weit überzogen hat.

Über Goldroad, eine kleine Siedlung, von der nichts geblieben ist als Steinruinen und verfallene Schächte, die einmal zu den zahlreichen Goldminen führten, schlängelt sich die Route 66 den Berg hinab nach Oatman. Zwischen 1903 und 1907 wurden in der unmittelbaren Umgebung der alten Goldgräberstadt drei Millionen Dollar an Nuggets und edlem Staub gefördert. Heute lebt der kleine Ort, der kaum hundert Einwohner hat, von den Touristen, die in Oatman an jedem Sonntag inszenierte Schießereien im Wildweststil erleben können.

Halbwilde Esel betteln auf der Main Street um Junkfood und verhindern störrisch jeden fließenden Verkehr. Geschützt durch dasselbe Gesetz, das auch die Existenz der wilden Mustangs in Amerika sichert, sind die freundlichen Burros für die Einheimischen ein Teil des Alltags. Doch nicht jeder scheint sie zu lieben. Am Vordach einer Bar, aus der die Musik eines mittelmäßigen Alleinunterhalters dringt, flattert ein Steckbrief: *22 000 Dollar Belohnung für Hinweise auf die Ermordung von 57 Burros*, steht auf dem vergilbten Papier.

Zwischen malerischen Gemischtwarenläden und Souvenirgeschäften steht in der Ortsmitte das *Oatman Hotel*, ein zweistöckiges Adobe-Gebäude aus dem Jahre 1924, das der Staat Arizona 1983 unter Denkmalschutz gestellt hat. Die Attraktion des alten Hotels, in dem man heute nicht mehr wohnen kann, ist ein armseliges Zimmerchen mit der Nummer 15, in dem Carole Lombard und Clark Gable im Jahr 1939 die Hochzeitsnacht verbracht haben — zwei Filmstars auf der Flucht vor ihrer eigenen Popularität. Heute drücken sich Touristen aus aller Welt die Nase an der kleinen Scheibe der Zimmertür platt. Eine kleine weiße Kommode, ein französisches Bett mit blauem Überwurf, eine nackte Glühbirne und ein Poster der beiden Stars, sehr viel mehr ist in dem kleinen Raum nicht zu sehen.

Zwei Straßen führen von Oatman hinunter nach Kalifornien: die *State Road 95* und ein einsamer und verlassener Teil der Route 66, vor dem die Einheimischen mich warnen. »Die Straße ist schon mit dem Auto eine Tortur, mit dem Motorrad holst du dir nur blutige Knie«, warnt einer der Bauarbeiter, die am Ortsausgang die Hauptstraße von Oatman ausbessern.

Doch nach wenigen 100 Metern lande ich trotz aller gutgemeinter Ratschläge auf dieser kaum befahrbaren Straße, die einmal die Route 66 war. Die Fahrbahndecke ist verfallen und von tiefen Schlaglöchern zerfressen. Im Schrittempo balanciere ich die Harley durch tiefe Waschbretter, die mir die Eingeweide umdrehen. Kleine Steine spritzen von der Fahrbahn in alle Richtungen. Mit jeder Minute, die ich weiter in Richtung Kalifornien fahre, scheint die Hitze zuzunehmen. Ein heißer Wüstenwind macht das Atmen fast unmöglich.

Die einzigen Anzeichen von Zivilisation sind Telegrafenmasten, die tief in die steinige Mondlandschaft gerammt sind und schon lange keine Funktion mehr haben. Ich höre das rhythmische Schlagen des Motors und achte plötzlich auf Geräusche, die ich nie zuvor gehört habe und die mich sehr beunruhigen. Zwölf Meilen tief bin ich bereits in diese Einsamkeit vorgedrungen. Die Hitze ist mörderisch. »Der amerikanische Westen ist ein wildes Land — eine Wüste, das vergessen die meisten nur zu oft. Ein geplatzter Reifen kann den Tod bedeuten. Du kannst verdursten oder erfrieren«, hatte mir der Schriftsteller James Crumley einmal in einer Bar in Montana gesagt.

In weiten Schleifen windet sich der Pfad — vorbei an den Ausläufern der Black Mountains auf den Colorado

zu. Dann sehe ich in der Ferne die ersten Sonnenspiegelungen in einem Autofenster und kann mich kaum erinnern, wann ich mich über ein Anzeichen menschlichen Lebens mehr gefreut hätte als in diesem Augenblick. In der gnadenlosen Hitze brütet die kleine Gemeinde Golden Shores. Mehr als zwei Stunden sind vergangen, seit ich mich in Oatman auf den 25 Meilen langen Weg an den Colorado River gemacht habe.

Als ich mit einer Flasche kalten Wassers aus dem Supermarkt in Golden Shores komme, steht ein bärtiger Biker vor der Maschine. »Den ganzen Weg von Milwaukee hierher?« fragt er und deutet auf das Nummernschild. Ich nicke. »Stark, Mann«, sagt der Biker, über dessen fetten Bauch sich ein blaues T-Shirt spannt. »Wohin willst du noch heute?« fragt er. »Barstow«, sage ich. Der Biker nickt. »Es ist ein langer und einsamer Ritt nach Barstow«, sagt er ernst, und ich fühle mich wie in einem Western von John Ford. Eine Brücke über den Colorado-River führt von Topock ins gelobte Land Kalifornien.

KALIFORNIEN

Vorhergehende Seite:
Amboy, Kalifornien.
Für Fashion-shoots von
amerikanischen Modefotografen wiederentdeckt –
Roy's Cafe und das Licht
der Mojave-Wüste

Ludlow, Kalifornien.
Heimat am alten Highway. Spartanisches Leben
in der Wüste.

181

Mojave-Wüste, Kalifornien. Ein Asphaltband zieht sich durch eine gnadenlose Wüste. Highway 66 zehn Meilen vor Amboy.

...ins gelobte Land

Ein heißer, wolkenloser Wüstensturm schlägt mir entgegen, als ich auf der Interstate Richtung Needles fahre. Der Wind drückt gegen die Maschine, und die trockene Hitze macht das Atmen durch die Nase schwer. Needles gilt als heißeste Stadt der USA, 44 Grad Celsius sind hier nur ein mittelmäßiger Sommerdurchschnitt, 50 Grad keine Seltenheit. Das vollklimatisierte Amerika mag das nicht mehr interessieren. Auf dem Motorrad jedoch sind diese Temperaturen brutale Realität.

Doch Needles (zu deutsch: Nadeln) hat seinen Namen nicht — wie man glauben könnte — von der sengenden Hitze, die mit tausend Nadelstichen quält, sondern von einer scharf gezackten Bergformation in den Black Mountains. »Nie habe ich solche harten Berge gesehen. Dies hier ist ein mörderisches Land. Das hier sind die Knochen eines Landes«, sagt John Steinbecks Tom Joad, als sein Blick diese Berge im Süden streift und ihm klar wird, daß das gelobte Land Kalifornien keine große Orangenplantage, sondern eine gnadenlose Wüste ist.

Ein alter Pionier-Pferdewagen mit der Aufschrift *Needles, California*, steht unter einer hohen Palme am Eingang der Stadt. Der Schatten der Palme fällt auf ein Bronzeschild, das an den *National Old Trails* Highway erinnert. Denn so hieß die Sixty-Six einmal, als diese Stadt am Rande der Mojave-Wüste noch ein Zentrum für Goldschürfer, Rancher, Jäger und Eisenbahnleute war.

Als Brodway führt der Highway 66 durch den menschenleeren Ort. Kaum ein Fenster ist ohne eine Airconditioner-Box, die die kleine Stadt erfüllen mit einem Surren und Rauschen, das von Windböen in alle Richtungen getragen wird. Die alten Motels am Rande der Straße werben mit Monatsmieten und Playboy-Hasen. Sexfilme umsonst. Calamity Jane, die berüchtigte Desperada des Wilden Westens, betrieb in Needles einmal ein beliebtes Bordell. Doch das ist lange her.

Zehn Meilen westlich der Stadt führt ein alter Teil der Route 66 als US 95 über Goffs in die Wüste. Bereits 1931 ist dieser malerische Abschnitt des Highways von prag-

Mojave-Wüste, Kalifornien.
Nur ein Schild und ein
Fetzen Asphalt sind
geblieben. Raststätte an
der Route 66 in der
kalifornischen Wüste.

matischen Straßenbauern begradigt und ersetzt worden. Und so fahre ich parallel der Eisenbahnroute binnen weniger Meilen heraus aus jeglicher Zivilisation und hinein in eine atemberaubende Leere. Tanzende Wüsten-Teufel wirbeln Sandschläuche in den Himmel und am Horizont entlang. Ich erinnere mich an die gutgemeinten Ratschläge aus dem kleinen Buch von Jack Rittenhouse:

»Nehmen Sie eine Extra-Gallone Benzin und eine Extra-Ration Wasser mit in die Wüste. Und werfen sie zwei Dosen Motoröl in den Kofferraum. Ein Klappspaten braucht wenig Platz und kann sehr hilfreich sein. Schrauben Sie eine neue Birne in Ihre Taschenlampe und laden Sie neue Batterien. Für kühle Nächte und frühe Morgenstunden ist eine Campingdecke oder ein Automantel hilfreich ... Vergessen Sie nicht Sonnenbrillen für alle Fahrgäste. Ein Höhenmesser und ein Autokompaß könnte Ihnen auch weiterhelfen. Wahrscheinlich brauchen Sie all diese Dinge nicht, aber sie geben Seelenfrieden, und sie ersparen einen Tag voller Unannehmlichkeiten, falls doch etwas passieren sollte ... Kaum ein Monat vergeht, in dem nicht ein Autofahrer stirbt, der überlebt haben könnte, hätte er diese Ausrüstung dabeigehabt.«

Goffs in der Mojave-Wüste, das ist nicht viel mehr als ein Bahnübergang, eine vergessene Eisenbahnstation, ein Wassertank auf Stelzen und eine General Store, der gleichzeitig Tankstelle, Kneipe und Zentrum dieses Ortes ist, in dem niemand mehr so recht zu leben scheint. In der Kneipe, die keinen Namen hat, sitzen vier Männer und eine Frau um einen Tisch und reden; an der Bar steht ein Cowboy, eine Dose Bier in der Hand. Traurige Menschengesichter am Ende der Welt. Verlorene Seelen inmitten einer riesigen Wüste. »Mit nach draußen nehmen können Sie die Dose nicht«, sagt die graue Bedienung barsch, als ich mit der offenen Dose nach draußen will. »Das Bier müssen Sie hier drinnen trinken.« Regeln gibt es in Amerika auch im Nirgendwo. Amerikanische Filmregisseure hat diese verlorene Welt immer wieder inspiriert. Hier auf dem Highway 66 in der Nähe von Goffs wurden vor ein paar Jahren die ersten Sequenzen des Films *Repo Man* gedreht, in dem Emilio Estevez und Harry Dean Stanton nach einem futuristischen Killer-Auto jagen.

In der Ferne scheinen wilde Wolkenfetzen die windgebeugten Joshua-Bäume zu streifen, deren Äste auf bizarre Weise in den Himmel greifen. Der Wind trägt mir das Heulen des Santa Fe-Zuges entgegen. Senken in der Fahrbahn, die das seltene Regenwasser in das umliegende Land ablenken, drücken mich alle zwei- bis dreihundert Meter tief in den Sattel der Maschine. *Das einsame Dreieck* heißt dieses alte Stück West-Territorium. Eine Schildkröte, die sich auf dem heißen Asphalt bis zum Mittelstreifen des Highway vorgearbeitet hat, ist das einzige Lebewesen, das mir innerhalb von einer Stunde begegnet.

National Trails Highway steht auf einem Schild dort, wo die alte Route und die neuere Route 66 sich treffen. Essex heißt die nächste kleine Siedlung in der Wüste. Verlassene Tankstellen und Werkstätten, antike Autos — verbeult, aber nicht verrostet — liegen wahllos in der Landschaft. *Cafe* steht in blauer Schrift über einem blauen Türrahmen an der Wand eines Tankstellenhäuschens. *Good Food* und *Air-Conditioned* hat irgend jemand einmal in dicken Lettern auf die Fenster gemalt. Nur einen bunten Kindertraktor aus Plastik, Gerümpel und Schutt kann ich erkennen, als ich über ein paar alte LKW-Reifen steige und durch die blinden Fenster schaue. Das Postamt, das direkt an die Ruine grenzt, ist offen. *Betteln und Herumlungern verboten* steht auf einem Schild, und ich frage mich, wann hier wohl zum letzten Mal jemand herumlungerte.

Bergketten im Norden und Süden begleiten mich auf meinem Ritt Richtung Westen. Am Ende der glühenden Wüste hebt sich ein weiterer Gebirgszug in den Himmel — ungleich steiler und höher als alles, was ich bisher überquert habe. Ein rosafarbener Wohnwagen und ein blauer Truck stehen einsam unter der einzigen Palme, die hier weit und breit zu sehen ist. Was für ein Mensch sucht solchen Ort aus, um sein Leben zu verbringen?

Nichts rührt sich hier.

Ein gelber Vogel und ein grüner Kaktus sitzen auf zwei Metallmasten im kobaltblauen Himmel. *Roadrunner's Retreat* steht auf dem monströsen Schild zehn Meter über der Erde. Ein Stück schwarzer Asphalt führt bis zu den Masten und endet dann plötzlich im Sand. Der Wind trommelt sein Lied auf einer Blechtür, die in einer niederen Hecke liegt. Eine Cola-Dose und eine grüne Flasche kullern über das kleine Stückchen Asphalt — in jede Richtung, in die der Wind sie gerade treibt. Die Wüste ist ein Ort ohne Erbarmen, einsam wie ein Meer. Die Spuren von Menschen, die allmählich verwischen, machen diesen Ort noch einsamer als er ohnehin schon ist.

Ludlow, Kalifornien.
Nachts hört man die
Geister jammern.
Wüstenruine am alten
Highway.

Als ich nach Amboy komme, ist *Roy's Cafe*, eine legendäre Route-66-Wüstenoase, bereits geschlossen. Von Buster Burris, dem alten Mann, dem dieser kleine Ort gehört, weit und breit keine Spur. »Das Motel ist nicht mehr in Betrieb und Buster nicht da«, sagt eine mürrische Frau, die die Tür zum Cafe abschließt. »Entweder Sie fahren nach 29 Palms oder nach Barstow, sonst gibt es hier weit und breit keine Übernachtungsmöglichkeit.« Die Sonne fällt am westlichen Horizont hinter die Berge, und die Wüste wird kalt. Auf der Interstate 40 fahre ich durch die sternenklare Nacht von Ludlow nach Barstow.

»Halb sechs morgens paßt mir am besten«, sagt die Stimme am anderen Ende der Leitung. »Da mach ich das Cafe auf, und wenn Sie sich über die Route 66 mit mir unterhalten wollen, ist das die beste Tageszeit.« Buster Burris läßt keinen Zweifel daran, daß im Terminplan eines Wüstenmonarchen nicht viel Zeit für unnützes Geschwätz ist. Und so packe ich um vier Uhr am nächsten Morgen die Satteltaschen und mache mich auf in die Kälte der letzten Nachtstunden — 70 Meilen zurück nach Amboy.

Eineinhalb Stunden kurve ich Richtung Osten. Wie ein schwarzes, mit leuchtenden Kristallen behängtes Zelt spannt sich der Himmel über diese einsame Welt. Wüstenfüchse und Hasen laufen in den Kegel des Scheinwerfers. Niemand würde mich hier draußen finden, denke ich, niemand — außer ein paar Coyoten, einer alten Schildkröte oder einer Klapperschlange vielleicht. Doch schließlich sehe ich im Scheinwerferlicht das Ortsschild von Amboy. *20 Einwohner* steht darauf. Amboy, das Reich von Buster Burris: eine Werkstatt, ein Cafe, ein Motel, ein Postamt, ein kleiner Hangar, eine Schule und 16 Hektar Land — inmitten der Mojave-Wüste.

Am Horizont bricht das erste blaue Leuchten durch die pechschwarze Nacht. »Pünktlich«, sagt der alte Mann im blauen Overall anerkennend. Seine neuen weißen Turnschuhe leuchten im Scheinwerferlicht der Maschine. Buster Burris gibt mir seine rauhe Hand und winkt mich vom Motorrad.

Um 5.30 Uhr beginnt für ihn der Alltag in *Roy's Cafe*: Buster schließt die Tür auf, macht Licht, braut die erste Kanne Kaffee und wirft den Herd in der Küche an. »Ich wurde am 26. September 1906 in Bandera, nordwestlich von San Antonio, Texas, geboren«, erzählt er. »Mein voller Name ist Herman Bazzil Burris. Aber alle nennen mich immer nur Buster.« Die Wüstensonne hat im Laufe der Jahrzehnte tiefe Furchen in das Gesicht des alten Mannes gebrannt und seine Haut braun gegerbt.

»1937 habe ich zusammen mit meinem Schwiegervater hier in Amboy eine Werkstatt aufgemacht. Und es war vom ersten Tag an der Teufel los. In den späten 30er und frühen 40er Jahren standen hier draußen Schlangen mit kaputten Autos. Drei Generationen in einer Kiste: Mann, Ehefrau, sechs bis acht Kinder, Großmutter und Großvater. Ich konnte mir nie recht vorstellen, wie diese Leute mit ihren klapprigen Autos so weit gekommen waren.« Mit kleinen vorsichtigen Schritten geht Buster in seinen neuen Turnschuhen hinter dem Tresen auf und ab.

»Hundert kaputte Autos pro Tag waren keine Seltenheit. Wir hatten ein riesiges Ersatzteillager mit kompletten Neumotoren. Für 150 Dollar konnte man damals einen nagelneuen Motor einbauen. Das ging oft schneller und war billiger als die Einzelteile rauszunehmen und zu reparieren. Ich habe böse Unfälle hier draußen gesehen. Autos, die waren so demoliert, daß ich mich gefragt habe, wie die Menschen darin überhaupt überlebt haben.«

Draußen verfärbt sich der Himmel in ein schweres Rot. Die Wüste erwacht. Buster schaut aus dem Fenster. »Ein roter Sonnenaufgang bedeutet, daß der Tag heiß wird«, sagt er und kratzt sich am Kinn. »55 Grad Celsius haben wir in Amboy, manchmal 40 Tage im Jahr. Bei so einer Hitze kannst du dich kaum mehr rühren.« Buster wischt mit einem Tuch über die Theke. »Viele Menschen sind hier im Laufe der Jahre mit einem Sonnenstich ins Cafe gekommen — ich habe einen Blick dafür. Für die hatten wir immer ein Motelzimmer und ein Bett bereit.« Buster nickt. »In den letzten vier Jahren hat es nur einmal geregnet in Amboy. Früher gab es manchmal Blitzfluten mit 15 Zentimeter Regen binnen weniger Stunden«, sagt der alte Mann.

»Der Highway ist im Laufe der Jahre dreimal verlegt worden. Erst war er unten an den Eisenbahnschienen. Etwa 200 Meter entfernt von diesem Cafe. Kaum vier Meter breit war diese erste Straße. 1933 wurde dann eine etwa acht Meter breite Betonfahrbahn gegossen. Und 1940 wurde die Route 66 dann nochmal erneuert, und es wurde ein moderner Highway daraus.« Buster lacht. »Das waren die guten alten Zeiten. 1945 bis 1972 — unsere fetten Jahre in Amboy. Bis zu 18 Stunden am Tag habe ich gearbeitet. Samstags bin ich nach Needles

»Get your kicks on Route 66...« Cynthia Troups Collage über einen Trip, der Musikgeschichte schrieb.

Rechte Seite: Amboy, Kalifornien. »55 Grad Celsius, manchmal 40 Tage im Jahr.« Wüstenmonarch Buster Burris.

gefahren, um Proviant für die Woche einzukaufen. Dreißig Tage konnten wir ohne weiteres auskommen. Ich habe Tag und Nacht gearbeitet. Zum Spielen blieb da nicht viel Zeit.«

Vom Horizont steigt ein roter Sonnenball in den orange leuchtenden Himmel und wirft sein warmes Licht auf den grauen Asphalt. Mit seiner groben Hand deutet Buster Burris Richtung Süden. »General Patton hat mehr als zwei Millionen Soldaten durch diese Wüste gejagt, samt Panzern, Motorrädern und LKWs«, sagt er. »So hat er sein II. Corps fitgemacht für den Krieg in Nordafrika. Die Mojave-Wüste war das beste Trainingsgelände. Als es dann ernst wurde, wußten die Jungs genau, was sie zu tun hatten.« Buster holt die Kaffeekanne von der Wärmeplatte und gießt die Tassen randvoll.

»1972 war hier an der Route 66 alles mit einem Schlag vorbei. Die Interstate 40 war fertig, und der Verkehr blieb weg — von einem auf den anderen Tag. Täglich drei Autos, das war plötzlich der Durchschnitt. Ich habe trotzdem nicht aufgegeben, ich bin hiergeblieben. Ich bin ein sturer Kerl. Und eine gute Seite hatte das Ganze schließlich auch: Ich hatte endlich Zeit, um Fischen zu gehen.« Buster lacht, und seine Zähne blitzen. »Mit meinem Wohnmobil bin ich überall rumgekurvt«, sagt er.

»Mitte der 80er Jahre war ich soweit, daß ich den Ort komplett verkaufen wollte: das Cafe, das Motel, die Garage, das Post-Gebäude, die Kirche, das Malstudio meiner Frau. Doch niemand hat sich dafür interessiert, und so bin ich dann doch geblieben.«

Busters Frau Beth, eine freundliche Mittsechzigerin mit langem, grauem Pferdeschwanz, setzt sich für ihren ersten Kaffee an einen Tisch und blättert in einem Modemagazin. »Heute ist alles wieder sehr viel besser«, sagt Buster. »Heute kommen viele Leute aus der ganzen Welt, die die Wüste und den Highway 66 sehen wollen. Wenn ich Hilfe hätte, würde ich sogar das Motel wieder aufmachen. Aber finde mal jemanden, der bereit ist, hier draußen in der Wüste zu leben.« Mit einem freundlichen Kopfnicken begrüßt Buster eine junge Frau, die ein wenig schüchtern in die Küche huscht. »Meine neue Köchin«, sagt er. »Sie arbeitet erst seit fünf Tagen hier. Ich habe sie in Needles gefunden. Sie kommt aus Mexiko und spricht kaum englisch. Aber ihre Spiegeleier und ihre Bratkartoffeln sind in Ordnung.«

Vier Männer in karierten Hemden und Cowboyhüten setzen sich an einen der Tische und Buster dirigiert die Bestellungen. Das Frühstücksgeschäft beginnt. Die mexikanische Köchin stellt Apfel- und Kirschkuchen in die Glasvitrine eines alten Edelstahlbuffets, das auch heute noch strahlt wie vor 50 Jahren. Ronald Reagan lacht von einer Zeichnung, die an der Wand rechts vom Buffet hängt – neben einem etwas kleineren Foto von George und Barbara Bush. »Ronald Reagan ist einmal hier durch Amboy gekommen«, sagt Buster, und sein faltiges Gesicht hellt sich ein wenig auf. »Damals war er noch Gouverneur von Kalifornien. Ich konnte ihn gut leiden. Er war ein netter Kerl. Wir haben uns über alle möglichen Dinge unterhalten.«

Pünktlich um acht löst Pam, eine mürrische Mittvierzigerin, ihren Chef Buster hinter dem Tresen ab. Der alte Mann nimmt sich Zeit für sein eigenes Frühstück und für die Lektüre der *Los Angeles Times*, die ich ihm am Morgen aus Barstow mitgebracht habe. Bedächtig fährt er mit dem breiten rissigen Fingernagel die Zeilen entlang. Draußen steht die Sonne mittlerweile steil am Himmel. *Roy's Cafe* füllt sich mit Reisenden und Eisenbahnarbeitern aus der Region.

Zwei Ventilatoren an der Decke ziehen ihre Kreise, und die Klimaanlage müht sich um eine erträgliche Temperatur. Wie große leuchtende Postkarten wirken die Ansichten der Wüste durch die Fenster des Cafes. Drei Frauen in geblümten Schürzen richten die gewaschenen blauen Gardinen, die diese Ansicht wieder einrahmen sollen.

Draußen steht Buster an einer Zapfsäule und betankt das Campingmobil einer Familie aus Iowa. »Vor genau 55 Jahren«, sagt er und deutet auf eine Gruppe riesiger Palmen, »hab ich sie selbst gepflanzt, diese Palmen«, sagt er. Vier ältere Damen steigen erschöpft aus einem metallgrauen Cadillac und setzen sich an den Tresen des Cafes. »Viermal Vanilleeis bitte«, sagt eine der Frauen. Pam stöhnt leise und macht sich an der Kühlbox zu schaffen. An einem Fenstertisch packt Busters Frau Beth ein Geschenkpaket für eine Frau, die Amboy am Tag zuvor den 21. Einwohner geboren hat. »Auf dem Weg nach Nevada?« fragt Pam die vier Damen, die einträchtig mit dem Kopf nicken. »Zwei Tage Casino«, sagt eine, während alle einträchtig das Vanilleeis löffeln.

Draußen hält unter dem Vordach der Tankstelle ein

Helendale, Kalifornien. Vergangenheit wie der alte Highway — Studebaker-Dealer am Rande der Wüste.

Chevrolet. Dampfwolken quellen durch den Kühlergrill. Ein älterer Mann mit schweißnassem Gesicht fragt nach einer Extraration Wasser. Buster verschwindet in einem Abstellraum und bringt einen Kanister. Der Mann, dem eine große Schweißperle an der Nasenspitze hängt, schraubt den Kanister auf und will ihn an seinen Mund setzen. Pam stößt ihn an und gibt ihm ein Glas Eiswasser. »Sparen Sie sich das Zeug für den Wagen.« Der Mann trinkt das Glas Wasser in einem Zug. »Halten Sie mir die Daumen, daß ich es bis Barstow schaffe«, sagt er, bevor er geht. »Fahren Sie vorsichtig«, antwortet Buster Burris müde.

»Wenn man einmal so alt ist wie ich, dann kann es jeden Tag vorbei sein«, sagt Buster, als ich mich am Mittag verabschiede. »Eines weiß ich jedoch genau — ich würde alles noch einmal so machen. Es war ein gutes Leben hier draußen an der Route 66.«

Am Horizont verschwimmen die Konturen der Straße in wilden Hitzespiegelungen. Vorbei an einem erloschenen Vulkan fahre ich Richtung Bagdad, ein Ort, der einmal Regierungssitz des San Bernardino County war und vom dem nichts geblieben ist als eine Palme unweit der Schienen und ein Metallschild mit dem Namen Bagdad. Gold im Wert von zehn Millionen Dollar wurde hier einmal gefördert. Es gab eine Tankstelle, ein Hotel, eine Schule, einen kleinen Flughafen und ein Cafe. Heute ist Bagdad nur noch ein Friedhof begrabener Träume. Das Bagdad Cafe aus Percy Adlons Film *Out of Rosenheim* sucht man hier vergebens.

Den Grund hatte mir Percy Adlon bereits erzählt: »Wir haben *Out of Rosenheim* zwar an der Route 66 gedreht, allerdings nicht in Bagdad, sondern in Newberry Springs, etwa 50 Meilen weiter im Westen. Das Cafe, daß wir für die Dreharbeiten angemietet haben, hieß *Sidewinder Cafe* und existiert auch heute noch.«

Adlon, den, wie er sagt, »die Leerheiten der Wüste ein ganzes Leben schon fasziniert haben«, kam die Idee für seinen Film während einer Urlaubsreise mit seiner Familie. »Wir saßen im *Ludlow Cafe* am Highway 66 beim Mittagessen und begannen plötzlich alle zu fantasieren: was wäre, wenn Marianne Sägebrecht hier mitten in der Wüste jemanden wie die Whoopi Goldberg treffen würde. Aus dieser Idee hat sich dann die Geschichte von *Out of Rosenheim* entwickelt. Als wir dann zurückgekommen sind, um die Locations für den Film festzulegen, hat der Location-Manager alle mögli-

Zehn Meilen vor Golden
Shores, Arizona.
Eine Straße aus einem
Alptraum. Überreste der
Route 66 kurz vor der Grenze
nach Kalifornien.

chen Vorschläge gemacht. Doch mir hat das alles nicht gefallen. Dann fiel mir ein, daß ich in Newberry Springs an der Route 66 ein Motel und einen Coffee-Shop gesehen hatte, der genau meinen Vorstellungen entsprach. Also sind wir alle hingefahren, um zu drehen. Wir haben das Cafe ein wenig umgestaltet und einen Wasserturm aufgestellt, der ein entscheidendes Design-Element wurde. Der ganze Film wurde vor Ort an der Route 66 gedreht. Im Hintergrund ist in etwa 300 Meter Entfernung ständig der Verkehr auf der Interstate 40 zu sehen – was zu einem schönen Symbol dafür wurde, daß das Leben ständig an dem Cafe vorbeizog.«

Den Ort Bagdad gab es auch zu Zeiten der Dreharbeiten im Jahr 1987 nicht mehr, und so war Percy Adlons Inspiration für den Namen Bagdad Cafe eine der vielen Landkarten, auf denen Bagdad ja auch heute noch verzeichnet ist. »Auch ich hab vergeblich nach dem Ort Bagdad gesucht. An einer Tankstelle hat man mir erzählt, daß der Ort irgendwann abgerissen worden sei. Lustigerweise habe ich dann einen alten Herrn aus Jerusalem kennengelernt, der mich fragte, woher ich denn diesen Namen Bagdad Cafe hatte. Der Mann erzählte mir, daß er in den 40er Jahren Pilot war und in der Wüste viele Luftaufnahmen gemacht hat. Unter anderem von einem Gebäude, auf dessen Dach in großer weißer Schrift *Bagdad Cafe* stand. Dieses Foto hat er mir später geschickt. Damit war bewiesen, daß es mein *Bagdad Cafe* tatsächlich gegeben hatte. Das hat mir sehr gut gefallen.«

Etwa fünf Meilen hinter Bagdad soll Siberia liegen. Doch auch von dieser Siedlung ist nichts geblieben als ein Name auf der Landkarte. Und während man noch einsehen mag, daß man einen Ort in der Mojave-Wüste Bagdad nennen will, so muß die Taufpaten von Siberia eine gehörige Portion Galgenhumor geritten haben, als sie diesem Stück Wüste seinen Namen gaben.

Mittlerweile ist es, als habe ich auf der Route 66 die ganze Welt bereist – war in Cicero und Hamel, was fast wie Hameln klingt, bin durch Venice gekommen und St. Clair, durch Cuba, Lebanon, Miami, Shamrock, Milan und Bagdad bis nach Sibirien mitten in der Wüste.

Wenige Meilen von Ludlow irritiert mich ein schwarzes Feld inmitten der unglaublich hell strahlenden Wüste. Als werfe eine riesige Wolke ihren Schatten, verschwinden in diesem Feld alle Konturen und Reflexionen. Doch nichts ist am blauen Himmel des frühen

Abends zu sehen, was der Sonne den Weg versperren könnte. Als ich näher komme, erkenne ich schwarze Lava, die die Sonnenstrahlen völlig absorbiert. In der Ferne funkeln die Dächer zweier Autos wie silberne Käfer, die durch die Wüste kriechen. Einsam ist diese Gegend, und ich stelle mir vor, wie die ersten Siedler sich mit ihren Planwagen durch diese Wüste nach Westen vorkämpften.

In Newberry Springs entdecke ich tatsächlich das *Sidewinder Cafe*. Ich setze mich auf den Stuhl an der Eingangstür, auf dem auch Marianne Sägebrecht saß, nachdem sie sich hier mitten in der Wüste in das Motel gegenüber einquartiert hatte und in diesem Cafe ihren ersten Kaffee bestellte. Doch als ich frage, weiß niemand mehr so recht, wie das damals war, als die Filmleute aus Deutschland hier drehten. Ein Koch, der aussieht wie ein Indianer, grinst gelangweilt durch die Luke aus der Küche. Wenige Minuten später bin ich wieder im Sattel der Maschine Richtung Westen.

»Man kann die Stille der Wüste auch sehen«, hat der französische Philosoph Jean Baudrillard einmal geschrieben. »Sie liegt in der Weite des Blicks, der sich an nichts brechen kann.« Und dann bricht sich mein Blick doch. An den Wohnwagentrailern, die wahllos in der Landschaft stehen, umringt von Autowracks, die wie Statussymbole gehortet werden, und an den Parabolantennen, die suchend ihren Teller in den Himmel strecken und hier am Ende der Welt den Anschluß an den Rest des Landes sichern.

Am westlichen Ende der Mojave-Wüste glänzen Dagget und Barstow, zwei Eisenbahnstädte, die einmal wichtige Versorgungszentren für Silberschürfer und Goldsucher waren, die von hier ihre Expeditionen ins *Tal des Todes* starteten. In den frühen Tagen Hollywoods war Barstow auch eine beliebte Fluchtstätte für mediengeplagte Filmstars. Für viele Okies, wie Steinbecks Joad-Familie, war der Weg nach Westen auf der Route 66 hier in Barstow zu Ende. Ihr Ziel waren die Orangenplantagen am südlichen Ende des San-Joaquin-Tals.

Wie Millionen glühender Pfeilspitzen fliegen mir die letzten Strahlen der Sonne entgegen, als ich auf dem alten Highway über ein Hochplateau in Richtung der San Gabriel Mountains fahre. Wenn die Sonne verschwunden ist, verwandeln sich die Berge in ein Gemälde von Caspar David Friedrich. Mit jedem Augenblick wird das Leuchten am Himmel intensiver.

Encino, Kalifornien.
»Die berühmteste Einbahnstraße der Welt!«
Komponist Bobby Troup.

Newberry Springs, Kalifornien.
Für Percy Adlons Film »Out of Rosenheim« zu neuem Leben erweckt: Motel an der Route 66.

Die zarten Pastelltöne verwandeln sich in schrille Neontöne. Die *High Desert*, wie diese Region westlich von Barstow heißt, leuchtet unwirklich in der Dunkelheit, als setzten die Felsen und Steine Strahlen frei, die sie den Tag über gespeichert haben. Der Mojave-Fluß reflektiert das späte Glühen des Abendhimmels und windet sich wie ein Lava-Strom durch die Nacht. Hunderte von Wassersprengern stäuben einen feinen Nebel über Plantagen, Alfafelder und Golfplätze. Ein purpurner Vorhang legt sich mit großer Geste über den Horizont. Lenwood, Hodge, Helendale heißen die letzten Stationen, bevor ich mich in Oro Grande für die Nacht einquartiere.

100 Meilen sind es noch an den Pazifik. Mit jeder Meile, die ich weiter nach Westen rolle, wächst die Anziehungskraft. Die Maschine fliegt der Küste entgegen. Doch der Gedanke anzukommen an diesem Punkt, wo der Highway unter Palmen endet, schreckt mich mehr, als ich es mir zu Beginn dieses Abenteuers hätte träumen lassen, und so ertappe ich mich seit Tagen dabei, wie ich immer wieder anhalte, mich an den Straßenrand setze und meinen Blick wandern lasse. Es ist ein seltsames, familiäres Gefühl, das mich beschleicht, wenn ich zurückschaue Richtung Osten. Die *Open Road* ist eine Heimat mit einem weiten Herzen.

Auf einer alten, stählernen Brücke überquere ich in der Nähe von Victorville den Mojave-Fluß. Ein Trailerpark und ein paar alte Motels liegen am Ortseingang leblos in der Morgensonne. Auf einem abgeschrabbten, bunten Schild am Himmel lassen sich nur mit Mühe die Worte *Holland Burgers* entziffern. Die dazugehörige Imbißbude ist nicht mehr in Betrieb.

Hinter Victorville ist nichts geblieben vom alten Highway 66. Die Straßenbauer haben ihn einfach zugedeckt — mit sechs Spuren Superautobahn Interstate 15. So habe ich keine Wahl, als mich in den Verkehr nach Westen einzureihen. In einer trostlosen Geraden führt die Interstate hinauf auf den Cajon Summit.

Wenige Meilen hinter dem Gipfel führt die Ausfahrt zurück auf einen Teil der Original-Sixty-Six, wie er idyllischer nicht sein könnte. Zwei alte Straßen, von denen eine gesperrt, die andere kaum befahren ist, winden sich nahezu parallel zwischen den letzten hohen Bergen, die mich noch vom Ozean trennen, Richtung San Bernardino. Ich überquere eine alte Betonbrücke, die über das trockene Bett des Mojave-Flusses führt. Die Jahreszahl 1930 ist tief in einen Pfeiler der Brücke geschlagen. Den Interstate-Verkehr kann ich hier nicht mehr hören — nur das Sägen der Zikaden und das Heulen des Santa Fe-Zuges, dessen Geleise dem Verlauf des Flusses folgen. Nach Westen hin verschwimmen im blauen Dunst die Silhouetten der pinienbewachsenen Hänge. Nur fünf Meilen lang führt diese Reise durch die Vergangenheit, dann bin ich wieder auf der I-15. Das Netz der Super-Highways hat sich im Laufe der Jahre so dicht über das unendliche Einzugsgebiet von Los Angeles gelegt, daß man ihm nicht mehr entkommen kann.

Erst in San Bernardino stoße ich wieder auf den Highway 66, der sich als Foothill Boulevard durch die Stadt zieht. San Bernardino ist der Geburtsort des ersten McDonald's-Restaurants, mit dem Richard (Dick) und Maurice (Mac) McDonald amerikanische Eßgewohnheiten revolutionierten. Aus dem Hamburgerstand, den die Brüder 1940 an der North East Avenue Nummer 1398 eröffneten, wurde 1948 das erste echte McDonald's-Restaurant. 15 Cents kostete ein Hamburger,

Fritten gab's zum Preis von zehn Cents. Und ein Milch-Shake war für 20 Cents zu haben.

1952 hatten die McDonald-Brüder ihre Hamburger-Restaurants so weit über Kalifornien und Arizona ausgebreitet, daß sie in einem Jahr mehr als eine Million Hamburger und 160 Tonnen Pommes frites verkauften. Für 2500 Dollar konnten Interessenten die Franchise-Rechte für ein McDonald's-Fastfood-Restaurant kaufen. Zwei leuchtendgelbe riesige Neonbögen wurden zum architektonischen Erkennungszeichen, das für Autofahrer schon aus der Ferne zu sehen war.

Ray Kroc, ein Milchshakemaschinen-Verkäufer aus Chicago, wurde 1954 auf die Brüder aufmerksam, weil sie in ihrem Restaurant acht seiner Mixer gleichzeitig in Betrieb hatten. Er überzeugte die Brüder davon, ihre Unternehmen im Franchise-Verfahren über die gesamte USA auszuweiten, und öffnete noch im selben Jahr sein erstes eigenes McDonald's-Restaurant in Des Plaines, Illinois. Kroc wurde schließlich Teilhaber von McDonald's und zahlte die Brüder 1961 mit nur 2,8 Millionen Dollar aus. Der Rest ist Geschichte, die jeder kennt. Kroc machte einen Welterfolg aus der Fastfoodkette. Und so kann man McDonald's-Burger heute fast überall auf diesem Erdball essen.

In Rialto, nur wenige Meilen westlich von San Bernardino, steht ein weiteres *Wigwam Village* mit 19 großen Beton-Zelten. *Do it in a Wigwam* (Tu' es in einem Wigwam) heißt der Slogan auf einem Schild. Übergangslos fließen die endlosen Vororte von Los Angeles ineinander, verbunden durch weite Shopping-Malls, diese horizontalen Tempel des Konsums. Fontana, Cucamonga, Upland, Claremont, Glendora, Azusa und Pasadena — *Stop and Go* endlos lange Meilen, vorbei an Motels, Einkaufszentren, Tankstellen, Schnellimbissen und den überquellenden Parkplätzen der Autohändler. Das Ende der offenen Straße kündigt sich an.

»*Now you go thru Saint Looey, Joplin, Missouri and Oklahoma City is mighty pretty. You'll see Amarillo, Gallup, New Mexico; Flagstaff, Arizona, don't forget Winona, Kingman, Barstow, San Bernardino... when you make that California trip, get your kicks on Route 66*«, Bobby Troup sitzt an einem schwarzen Piano in seiner Villa im San Fernando Valley, nicht weit von der Route 66 und singt die letzten Takte dieses Songs, der zur berühmtesten Hymne wurde, die je auf eine Straße geschrieben wurde. »Blues«, sagte der grauhaarige Mann und hämmert ein paar Akkorde in die Tasten. »Der Song ist eigentlich ein Blues. Deshalb haben ihn alle verstanden, deshalb ist er bis heute ein Hit geblieben.«

Bobby Troup holt zwei Tassen Kaffee aus der Küche und streckt sich in einen tiefen Sessel, der nur aus einem Sitzpolster besteht und zwei Armlehnen mit kleinen Vertiefungen — für den Cocktail am Abend. Das Wohnzimmer, in dessen dunkler Ecke eine wohlausstaffierte Bar steht, hat den teuren Charme eines amerikanischen Hollywoodfilms der 60er Jahre. Draußen hinter den weiten Schiebefenstern leuchtet unter Palmen ein türkisblauer Pool in der Sonne.

»Ich wurde 1918 in Harrisburg, Pennsylvania, gebo-

Victorville, Kalifornien.
»Roadfood« für Genera-
tionen von Amerikanern.
»Holland Burgers«
an der Route 66.

ren. Mein Großvater hatte ein Musikgeschäft. Als ich fünf Jahre alt war, zog mein Vater mit uns nach Lanca-ster County ins Land der Amish und eröffnete eine Filiale. Ich war nicht gerade ein fleißiger Musikschüler, und mein Vater gab es bald auf, mir etwas beizubringen.« Bobby Troup springt auf und spielt ein paar Takte des alten Standards *Stormy Weather*. »Das war der erste Song, den ich mir auf dem Klavier selbst beibrachte«, sagt er.

»Als ich 18 war, habe ich angefangen, Stücke zu kompo-nieren. 1939 schrieb ich *Daddy* — das Lied wurde mein erster Hit. Sieben Wochen war der Song auf Platz Eins der Hitparade. Die Andrew Sisters haben ihn gesungen und Glenn Miller hat ihn aufgenommen.« Bobby Troup lacht und zündet sich eine von vielen Zigaretten an, die er an diesem Nachmittag noch rauchen wird. »Der Text wurde ein bißchen entschärft für den breiten Ge-schmack, denn das Stück handelte von einem jungen Mädchen, das für teure Geschenke mit einem alten Mann ins Bett geht.«

Troup streicht einem Dobermann über den Kopf und schaut aus dem Fenster: »1941 hatte ich die Chance, Tommy Dorsey in einem New Yorker Penthouse im *Brill-Building* vorzuspielen. Die Bandleader Cab Calloway und Harry James saßen mit im Raum. Eine Stunde später hatte ich ein Engagement als Songwriter — für 75 Dollar die Woche. Ich konnte Noten weder lesen noch schrei-ben. Ich nahm einfach alles, was mir einfiel, auf Ton-band auf.«

Das Klingeln eines alten Telefons unterbricht den Redestrom von Bobby Troup. »Excuse me«, sagt er und springt aus dem Sessel, so geschmeidig, als sei er gerade fünfundzwanzig geworden. Und während Bobby Troup mit einer japanischen Filmcrew einen Fernsehtermin verabredet, patroullieren seine beiden Dobermänner unruhig. Erst als er den Telefonhörer auf die Gabel legt und sich in seinen grauen Sessel setzt, legen sich auch die beiden Hunde wieder vors Fenster.

»Route 66, das ist eine tolle Geschichte«, sagt Bobby Troup und schaut nachdenklich auf die Kaffeetasse. »1942 kaufte ich einen grünen Buick Cabrio und heira-tete Cynthia Hare, ein Society-Girl aus Philadelphia. 1946 beschloß ich, es als Songwriter in Los Angeles zu versuchen — um herauszufinden, ob *Daddy* nur ein Zufallstreffer war. Am 17. Februar packten wir den Buick und machten uns auf den Weg nach Westen.«

»Wir fuhren auf dem Pennsylvania Turnpike, als Cynthia, die gerade die Landkarte studierte, vorschlug: ›Bobby, warum schreibst du nicht einen Song über den Highway 40?‹ Ich warf einen Blick auf die Landkarte und sagte: ›Keine gute Idee, Cynthia. In Chicago sind wir bereits auf dem Highway 66, und auf dem bleiben wir auch bis Kalifornien.‹ Zwei Tage später, wir waren gerade durch St. Louis, Missouri, gekommen, flüsterte Cynthia mir ins Ohr: ›*Get Your Kicks on Route 66.*‹ Ich war wie elektrisiert und begann noch während der Fahrt zu komponieren und zu texten. *If you ever plan to motor west . . .*« Bobby Troup schnippt den Rhythmus mit dem Finger und singt ein paar Takte. »Als wir am 15. Februar in L. A. ankamen und völlig pleite in ein billiges Motel eincheckten, war der Song zur Hälfte fertig.«

»Es war ein verrückter Trip. Acht Tage lang sind wir gefahren. In Missouri haben wir Höhlen besichtigt, und in New Mexico sind wir in einen schrecklichen Schnee-sturm geraten. In Arizona sahen wir beide zum ersten Mal die Wüste, das war faszinierend. Die Straße selbst, die war damals schon in einem ziemlich üblen Zustand. Der Highway 66 war vermutlich die schlechteste Straße, auf der ich in meinem ganzen Leben gefahren bin«, sagt Bobby Troup und lacht. »Ich habe sie nie wieder be-nutzt.«

Der Kontakt zu Tommy Dorsey verhalf Bobby Troup bereits wenige Tage nachdem er in Los Angeles ange-kommen war, zu einem Termin mit Nat King Cole. »Wir trafen uns im *Trocadero*, einem Nightclub am Sun-set Strip, in dem er Nacht für Nacht spielte. Nat King Cole war mein großes Idol, und nun saß ich plötzlich am Piano und sollte ihm ein paar Songs vorspielen. Ich sang *Baby, Baby all of mine* und Nat war begeistert. Doch dann fiel mir nur dieses halbe Stück ein, das ich im Auto geschrieben hatte. Also sang ich *Get Your Kicks on Route 66*. Nat war völlig aus dem Häuschen und schickte mich nach Hause, damit ich den Titel fertigschreibe.«

»Weil ich kein eigenes Piano hatte, ging ich in ein Studio und setzte mich mit einer Landkarte an eines der Mietklaviere, um den Song fertigzukomponieren. Noch im selben Jahr macht Nat King Cole das Lied zu einem Hit.« Bobby Troup öffnet eine Schrankwand und sucht in einer enormen Schallplattensammlung nach einer Compact-Disc. »Das ist neueste Version«, sagt er und versucht ein wenig hilflos den CD-Spieler zu program-mieren. »Natalie Cole, Nats Tochter, hat den Song wie-der aufgenommen — absolut fantastisch.« Bobby Troup schnippt mit den Fingern und senkt den Kopf, wie das viele Musiker tun, wenn sie sich konzentrieren. »Ist es nicht verrückt«, sagt er. »Der Song ist jetzt mehr als 45 Jahre alt und wurde im Laufe der Jahrzehnte in allen Musikstilen gespielt — Jazz, Schlager, Blues, Rock'n' Roll, als Countrysong, das ganze Spektrum. Nat King Cole, die Andrew Sisters, Perry Como, Harry James, die Kings Sisters, Chuck Berry, die Rolling Stones, Tom Petty, Asleep at the Wheel, Michael Martin Murphy, die Four Freshman, Manhattan Transfer, Depeche Mode — und das sind wahrscheinlich noch nicht einmal alle. Nicht schlecht für einen 45 Jahre alten Blues, was?«

Die Hoffnung, daß aus ihm ein weißer Nat King Cole würde, hat sich für Bobby Troup nicht erfüllt. »Obwohl ich immerhin 30 Jahre lang durch die Clubs von L.A. getingelt bin und neun Schallplatten als Solokünstler aufgenommen habe, mit so wundervollen Gitarristen wie Barney Kessel und Joe Pass.«

Doch sein größter Beitrag zur Musik, sieht man einmal von seinem legendären Song ab, war nicht die eigene Musikkarriere. Bobby Troups größter Beitrag hieß Julie London. Denn Troup war es, der die junge Schauspielerin als Sängerin entdeckte, und unter seinen Fittichen entwickelte sich die Hollywood-Schönheit zu einer brillanten Jazzvokalistin. Ihre erste Platte *Julie is her name*, von Bobby Troup produziert, machte sie zum Star. »1959, nachdem ich bereits einige Zeit von Cynthia geschieden war, habe ich Julie geheiratet«, sagt Bobby Troup. »Wir sind heute noch glücklich.«

Komponist, Schauspieler, Fernsehmoderator und Produzent — der Mann, der *Get Your Kicks on Route 66* schrieb, hat im Show-Biz viele Karrieren gemacht. Doch nichts hat sein Leben mehr geprägt als dieser Song. »Dabei bedeutete mir dieser Highway damals überhaupt nichts. Ich wußte nur, daß es ein Highway von Osten nach Westen war. Denn in Amerika sind alle Highways von Ost nach West mit geraden Zahlen bezeichnet, alle Nord-Süd-Verbindungen haben ungerade Nummern. Ich wußte, daß die Sixty-Six der einzige Weg war, der nach Los Angeles führte. Aber ich hatte keine Ahnung, daß ich einen Song über eine Straße geschrieben hatte, die zu einem historischen Monument werden sollte — die berühmteste Einbahnstraße der Welt. Denn niemand fuhr die Route von West nach Ost — nicht wirklich.« Bobby Troup drückt auf die Wiederholungstaste seiner Fernbedienung. *If you ever plan to motor west; travel my way take the highway that's the best. Get your kicks on Route Sixty-Six!«* singt Natalie Cole.

Santa Monica Boulevard heißen die letzten Meilen Route 66 an den Pazifik. Die Stadt der Engel ruft, und ich lasse mich im Verkehr treiben durch Hollywood, Beverly Hills, Westwood nach Santa Monica. Dort, wo der Santa Monica Boulevard auf die Ocean Avenue stößt, endet der alte Highway. Hinter der Silhouette von Palmen, die sich im Westwind biegen, bebt der Pazifische Ozean. Jäh bleiben die Bilder stehen. Melancholie legt sich auf meine Begeisterung. Die hypnotische Aufmerksamkeit, die mich auf dem Motorrad mehr als zwei Wochen nicht verlassen hat, weicht. Die Reise ist zu Ende. Ich fahre die letzten hundert Meter zum Strand und parke die Maschine. »Mehr als 2400 Meilen durch Amerika«, geht es mir durch den Kopf, als ich die abgewetzten Cowboystiefel ausziehe und barfuß durch den heißen Sand auf die Wellen zugehe. Ich habe den Pazifischen Ozean erreicht. Durch acht Bundesstaaten und drei Zeitzonen auf dem Rücken einer schweren Harley-Davidson. Durch Amerika auf der historischen Route 66.

Fünf verschiedene Interstates hat es gebraucht, um diesen großen diagonalen Highway von Chicago nach Los Angeles zu ersetzen: Die I-55 in Illinois, die I-44 von St. Louis bis Oklahoma City, die I-40 bis Barstow und für die verbleibenden Meilen durch Los Angeles die I-10 und I-15. Langsam waren sie gekommen, ein Stück Asphalt hier, eine Umgehung dort. Mehr als 25 Jahre hatte es gedauert, bis die Interstate-Autobahnen den Highway 66 ersetzt und das Reisen durch das große Land sicher und bequem gemacht hatten.

Doch haben die Interstates den alten Highway tatsächlich ersetzt? Diese erste große Nationalstraße durch die Staaten Illinois, Missouri, Oklahoma, durch die Wildnis des Südwestens an den Pazifischen Ozean — diesen Highway aus einer Zeit, in der jede Reise noch ein Abenteuer war.

Ein Bourbon im Schatten der Palmen besänftigt meinen Blues. Als der Schaum der kalten Wellen über meine Füße fließt, fühle ich mich wiedergeboren — am Ende dieser Straße, die mich mitten durch das Herz der USA geführt hat. Die Magie der offenen Straße bleibt.

Bagdad, Kalifornien.
Nur ein Schild bei den
Eisenbahnschienen ist
von Bagdad in der Mojave-
Wüste geblieben.

Santa Monica, Kalifornien. Dort, wo Santa Monica Boulevard und Ocean Avenue aufeinanderstoßen, auf einem Felsen über dem pazifischen Ozean, endet die Route 66.

202

Chambless, Kalifornien. Sonnenuntergang in den Marble Mountains in der Mojave-Wüste. Untergehende Sonne malt flammenden Himmel.

Danksagung

Viermal habe ich in den Sommern 1990 und 1991 Amerika auf dem Highway 66 durchquert. Bei jeder Reise habe ich neue alte Teile des Highways entdeckt und immer wieder neue Menschen, die mir ihre Geschichte und ihre Geschichten erzählten und die mich aufgenommen haben wie einen Freund. Ohne sie gäbe es dieses Buch nicht. Und so geht mein besonderer Dank an: Jeff Meyer von der *Route 66 Association* in Illinois; Mary Rossi Ogg in Braidwood, Illinois; Russell und Ola Soulsby in Mount Olive, Illinois; Nick Adams in Litchfield, Illinois; Ernie Edwards in Broadville, Illinois; Ted Drewes in St. Louis, Missouri; Chuck in Kirkwood, Missouri; Tom in Springfield, Missouri; Paul Davis in Catoosa, Oklahoma; Lucille Hammons in Hydro, Oklahoma; Bebe Nunn in Shamrock, Texas; Stanley Marsh 3 in Amarillo, Texas; Jack Rittenhouse in Albuquerque, New Mexico; Ron Chavez in Santa Rosa, New Mexico; Lillian Redman in Tucumcari, New Mexico; Ali Hakam, wo immer er auch sein mag; Marvin (Maz) in Winslow, Arizona; Nyal Rockwell in Adamana, Arizona; Janice Griffith in Winslow, Arizona; Angel und Juan Delgadillo in Seligman, Arizona; Mildred Barker in Truxton, Arizona; Bobby Troup in Los Angeles; Buster Burris in Amboy, Kalifornien, und Percy Adlon in Los Angeles.

Ganz besonders möchte ich Michael Fleissner danken, der an dieses Projekt geglaubt hat und mich bei meinem letzten Trip auf dem westlichen Teil der Route 66 begleitete. Außerdem meinem Bruder Jan Hoetzel, der viele der Foto-Locations mit unermüdlicher Akribie katalogisiert hat. Walter Unger und Jürgen Schönstein vom SAD New York für ihre Unterstützung und redaktionelle Hilfe. Manfred Kozlowsky von Harley Deutschland, Georg Vopel und Catherine Tenke von Harley-Davidson, die mir in den Sommern 90 und 91 die Heritage Softail Classic und die Softail Costum zur Verfügung stellten. Karin Kohlberg für die fantastischen Fotos aus der Mojave-Wüste (Seiten 10/11, 14/15, 182/183 und 202/203). Hans Verhufen, der mir gezeigt hat, wie man die Welt durch ein Objektiv betrachtet. Heidi Schwarck, die auf der Route 66 ihre Feuertaufe als Motorradbraut mit Bravour bestand, die Fotos auf Seite 120/121 und 178/179 schoß und mir bei der Arbeit an diesem Buch jeden Tag eine neue Inspiration war. Meiner Lektorin Karin Weingart. Zu guter Letzt Dank an meinen Freund Jim Crumley in Missoula, der immer noch die besten Sätze schreibt, die ich kenne.

Literatur

Baudrillard, Jean: *Amerika.* Matthes & Seitz Verlag. München 1987.

Guthrie, Woody: *Bound for Glory.* E.P. Dutton. New York 1943.

Jennings, Jan: *Roadside America. The Automobile in Design and Culture.* Iowa State University Press. Iowa 1990.

Kerouac, Jack: *On the Road.* The Viking Press. New York 1955.

Moon, William Least Heat: *Blue Highway: A Journey into America.* Atlantic Monthly Press. Boston 1982.

Rittenhouse, Jack D.: *A Guide Book to Highway 66* (Faksimile der Erstausgabe von 1946). University of New Mexico Press. Albuquerque 1989.

Scott, Quinta, and Susan Croce Kelly: *Route 66: The Highway and Its People.* University of Oklahoma Press. Norman 1988.

Schneider, Jill: *Route 66 Across New Mexico.* University of Mexico Press. Albuquerque 1991.

Snyder, Tom: *The Route 66 Traveler's Guide: A Roadside Companion.* St. Martin's Press. New York 1990 (dt.: Streckenpilot Route 66. Verlag Ullstein. Frankfurt/M. · Berlin 1992).

Steinbeck, John: *The Grapes of Wrath.* The Viking Press. New York 1939 (dt.: Die Früchte des Zorns. Verlag Ullstein. Frankfurt/M. · Berlin 1971).

Teague, Tom: *Searching for 66.* Samizdat House. Springfield, Illinois 1991.

Wallis, Michael: *Route 66 — the motherroad.* St. Martin's Press. New York 1990.

Anmerkungen

S. 10: *The Last Good Kiss*, James Crumley. Copyright © 1978. Zitiert mit freundlicher Genehmigung des Autors.

S. 13: *Get Your Kicks on Route Sixty-Six*, Words & Music by Bobby Troup. Copyright © 1946, Renewed Copyright © 1973. Londontown Music. Zitiert mit freundlicher Genehmigung.

S. 67: *So Long It's Been Good to Know Yuh (Dusty Old Dust)* by Woody Guthrie. TRO Copyright © 1940 (renewed), 1950 (renewed), 1963 (renewed). Folkway Music Publishers.

Steinbeck, John, *The Grapes of Wrath.* Eigene Übersetzung.

S. 109: Jack Rittenhouse starb im August 1991 mit 78 Jahren an einem Krebsleiden.

S. 185: Rittenhouse, Jack D.: *A Guide Book to Highway 66* (Faksimile der Erstausgabe von 1946). University of New Mexico Press. Albuquerque 1989.

Register

Acoma, N. Mex.   116
Adams, Nick   29, 31
Adams, Pete   29
Adlon, Percy   190
Adrian, Tex.   93
Afton, Okla.   60
Albatross, Mo.   46
Albuquerque, N. Mex.   105f., 108f.,
   112
Amarillo, Tex.   46, 74, 86, 89—91,
   93
Amboy, Kalif.   186, 189
Andrew Sisters   197f.
Ant Farm   91
Arcadia, Okla.   74
Ariston Cafe, Litchfield, Ill.   29, 31
Arizona   13, 60, 124, 145f, 148, 158,
   169, 171, 197
Ash Fork, Ariz.   158
Asleep at the Wheel   198
Aubrey-Tal   170
Avery, Cyrus Stevens   60, 63
Avilla, Mo.   74

Bagdad, Kalif.   190, 193
Bagdad Cafe, Kalif.   193
Barker, Mildred   171f.
Barstow, Kalif.   177, 189, 190, 193f.,
   198
Baudrillard, Jean   193
Baxter Springs, Kans.   56f.
Beale, Edward   172
Berry, Chuck   198
Berwyn, Chicago, Ill.   22
Bethaney, Okla.   74
Beverly Hills, Los Angeles, Kalif.   198
Big Piney River   45
Big Texan Steak Ranch, Amarillo,
   Tex.   90
Big 8 Motel, El Reno, Okla.   74
Black Mountains   182
Bloomington, Ill.   24
Blue Swallow Motel, Tucumcari, N.
   Mex.   100
Bluewater, N. Mex.   116

Bogart, Humphrey   117
Bourbon, Mo.   45
Braceville, Ill.   24
Braidwood, Ill.   24
Bristow, Okla.   67
Broadwell, Ill.   24, 27
Buckhorn, Mo.   45
Budville, N. Mex.   116f.
Burris, Herman Bazzil (»Bu-
   ster«)   186, 188, 190
Bush, Barbara   189
Bush, George   189
Buster, Beth   186, 188—190
Busyhead, Okla.   60

Cadillac Ranch, Amarillo, Tex.   91
Cagney, James   117
Cajon Summit   194
Calamity Jane   182
Calloway, Cab   197
Carlinville, Ill.   29
Carpenter, John   35
Casa Grande, Albuquerque, N.
   Mex.   112
Case, Sam   153
Catoosa, Okla.   63
Cayuga, Ill.   24
Chandler, Okla.   67
Chavez, Ron   103, 105
Chelsea, Okla.   60
Chenoa, Ill.   24
Chesniak, John   18
Chicago   13, 18, 22, 24, 29, 31, 46,
   63, 93, 197, 198
Clinton, Okla.   78
Club Cafe, Santa Rosa, N. Mex.   103,
   105
Coconino-Nationalwald, Ariz.   156
Cole, Nat King   15, 171, 197f.
Cole, Natalie   197f.
Colorado   66f.
Colorado River   172, 176f.
Commerce, Okla.   60
Como, Perry   198
Continental Divide, (Wasserscheide
   Amerikas), N. Mex.   116

Coral-Court-Motel, Marlborough,
   Mo.   42
Correo, N. Mex.   114f.
Craig, Phil   103, 105
Crozier Canyon, Ariz.   173
Cruise, Tom   74
Crumley, James   46
Cuba, Mo.   193
Cubero, N. Mex.   116
Cuervo, N. Mex.   103

Daddy   197
Dagget, Kalif.   193
Davenport, Okla.   67
Davis, Edmond   167, 169
Davis, Hugh   63
Davis, Paul   63
Delgadillo, Angel   163, 167, 169, 171
Delgadillo, Juan   169f.
Depeche Mode   15, 198
Depew, Okla.   67
Des-Plaines-Fluß, Ill.   22
Devils Elbow, Mo.   45
Dilia, N. Mex.   105
Dorsey, Tommy   197
Douglas, Kirk   117
Drewes, Ted   38
Dust Bowl   66, 78
Dwight, Ill.   24

Edmond, Okla.   74, 167, 169f.
Ed's Camp, Ariz.   176
Edwards, Ernie   27, 29
Edwardsville, Ill.   35
El Rancho, Gallup, N. Mex.   117
Elk City, Okla.   79
El Reno, Okla.   74
El Vado, Albuquerque, N. Mex.   109,
   112
Erick, Okla.   79
Estevez, Emilio   185
Eureka, Mo.   45

Flagstaff, Ariz.   156f.
Flynn, Errol   117

Fonda, Henry   117
Fonda, Peter   13
Ford, Henry   15
Ford, John   177
Fort Apache, Ariz.   142
Fort Defiance, Ariz.   142, 172
Fort Sill, Okla.   98
Four Freshman   198
Friedrich, Caspar David   193
Frontier Cafe, Truxton, Ariz.   171
Funk's Grove, Shirley, Ill.   24

Gable, Clark   176
Galena, Kans.   56
Gallup, N. Mex.   116f., 124
Gardner, Ill.   24
George, Lowell   98
Get your Kicks on Route 66   13, 14,
    109, 111, 172, 196–198
Glenrio, N. Mex.   93
Godley, Ill.   24
Goldberg, Whoopi   190
Golden Shores, Ariz.   177
Goldroad, Ariz.   176
Grand Canyon   156f.
Granite City, Ill.   38
Grants, N. Mex.   171
Gray Summit, Mo.   45
Great Plains, N. Mex.   86, 96, 98
Griffith, Janice   153
Griffith, R. E.   117
Groom, Tex.   89
Guthrie, Woody   60, 67

Hackberry, Ariz.   173
Hakam, Ali   112
Hakam, Salma   112
Halltown, Mo.   46
Hamel, Ill.   35, 193
Harrisburg, Penns.   196
Haystack Mountain, N. Mex.   116
Hazelgreen, Mo.   45
Helendale, Kalif.   194
Hemingway, Ernest   116
Hepburn, Katharine   117
Hickock, James Butler (Wild Bill Hik-
    kock)   46
High Desert, Kalif.   164
Hodge, Kalif.   194
Hoffman, Dustin   74

Holbrook, Ariz.   145f., 153
Hollywood, Los Angeles, Kalif.   198
Houck, C. I.   153
Horse Cave, Kent.   145
Hualapai-Tal   173
Hydro, Okla.   74

Illinois   13, 18f, 22, 24f., 29, 198
Interstate 44   45

Jackrabbit Trading Post, Joseph City,
    Ariz.   146f.
James, Frank   46
James, Harry   197f.
James, Jesse   46, 56
Joe's Place, Winslow, Ariz.   153
Joliet, Ill.   22
Joplin, Mo.   48
Joseph City, Ariz.   146

Kactus Kafe, Ed's Camp, Ariz.   176
Kalifornien   13, 15, 60, 105, 145,
    156, 163, 176f., 182, 189, 197
Kanada   86
Kansas   13, 48, 56, 66
Kellyville, Okla.   67
Kentucky   63, 145
Kerouac, Jack   29
Kessel, Barney   198
Ketchum, Frank   153
Kingman, Ariz.   173, 176
Kings Sisters   198
Kroc, Ray   196

Ladd, Alan   117
Las Vegas, Ne.   24
Lebanon, Mo.   45, 193
Lela, Tex.   89
Lenwood, Kalif.   194
Lewis, Chester E.   146
Lexington, Ill.   24
Lincoln, Ill.   24
Lincoln-Motel, Chandler, Okla.   74
Litchfield, Ill.   29, 31
Lombard, Carole   176
London, Julie   198
Long Beach, Kalif.   145
Longhorn Ranch, Clines Corners, N.
    Mex.   106

Los Angeles (L. A.)   13, 24, 63, 108,
    194, 197f.
Los Lunas, N. Mex.   114
Ludlow Cafe, Ludlow, Kalif.   186, 193
Ludlow, Kalif.   186, 193

Madison, Ill.   38
Malpais (Badlands)   116
Manhattan Transfer   15, 198
Mark-Twain-Nationalwald, Mo.   45
Marlborough, Mo   42, 45
Marsh 3, Stanley   91, 93
May, Karl   149,
McDonald, Maurice (»Mac«)   194
McDonald, Richard (»Dick«)   194
McLean, Tex.   86, 89
Meyer, Jeff   112
Miami, Okla.   60, 193
Milan, N. Mex.   116, 193
Miller, Glenn   197
Milwaukee, Wi.   18, 177
Mississippi   35, 38
Missouri   13, 29, 38, 42, 45f., 48, 90,
    197f.
Mitchum, Robert   117
Mojave-Fluß   194
Mojave-Wüste   63, 182, 185f., 188,
    193
Montoya, N. Mex.   103, 109
Moriarty, N. Mex.   106
Mount Olive, Ill.   31
Mountain Lions, Ariz.   156
Murphy, Michael Martin   15, 109,
    198

Nature's Acres, Catoosa, Okla.   63
Needles, Kalif.   182, 186, 189
Newberry Springs, Kalif.   190, 193f.
Newkirk, N. Mex.   103
New Mexico   13, 60, 66, 93, 96, 100,
    103, 105f., 108, 114, 116, 172, 197
New York   13

Oatman Hotel, Oatman, Ariz.   176
Oatman, Ariz.   176
Odell, Ill.   24
O'Hara, Maureen   117
Oklahoma   13, 15, 56, 60, 63, 66f.,
    74, 78, 90, 98, 171f., 198
Oklahoma City, Okla.   74, 86, 198
Oro Grande, Kalif.   194

Ortega, Armand 117
Out of Rosenheim 190
Ozarks 45 f.

Pacific, Mo. 45
Painted Desert (Bemalte Wüste),
  Ariz. 142
Paraje, N. Mex. 114
Pasadena, Kalif. 167
Pass, Joe 198
Payne, Andrew Hartley 63
Peach Springs, Ariz. 171
Pecos, N. Mex. 105
Pemberton, J. C. N. 153
Pennsylvania 60, 196
Petrified Forest (Versteinerter Wald),
  Ariz. 142
Petty, Tom 198
Phelps, Mo. 46
Pitts, Charlie 46
Pig-Hip, Broadwell, Ill. 27, 29
Pontiac, Ill. 24
Pop Hicks Restaurant, Clinton,
  Okla. 78
Pretty Boy Floyd 60
Prewitt, N. Mex. 116
Puerto de Luna, N. Mex. 103
Pyle, C. C. 63

Quapaw, Okla. 60

Rain Man 74
Reagan, Ronald 117, 189
Redford, Frank 145 f.
Redman, Lillian 100, 103
Red Rock State Park, Gallup, N.
  Mex. 116
Repo Man 185
Rescue, Mo. 46
Rialto, Kalif. 196
Rio Grande 106, 112, 144
Rittenhouse, Charlotte 108 f.
Rittenhouse, Jack 74, 85, 108 f., 185
Rockwell, Nyal (»Rocky«) 142, 145
Roger, Will 172

Rolling Stones 13, 15, 198
Romeroville, N. Mex. 105
Rosati, Mo. 45
Rossi Ogg, Mary 24
Rossi, Peter
Round Barn, Arcadia, Okla. 24
Route 66 (Fernsehserie) 15
Roy's Cafe, Amboy, Kalif. 186

Sägebrecht, Marianne 190, 193
San Antonio, Tex. 186
San Bernardino, Kalif. 194, 196
San Francisco 91
San Francisco Peaks, Kalif. 156
San Gabriel Mountains 193
Santa Fe, N. Mex. 105 f.
Santa Monica, Los Angeles,
  Kalif. 198
Santa Rosa, N. Mex. 103, 105
Sapulpa, Okla. 65
Sayre, Okla. 79, 171
Schulz, Gus 18
Seattle, Wash. 93
Seligman, Ariz. 158, 163, 167,
  160 f.
Shamrock, Tex. 85
Shaw, Floyd 105
Shephard, Sam 148
Shirley, Ill. 24
Siberia, Kalif. 193
Sidewinder Cafe, Newberry Springs,
  Kalif. 193
Sitgreaves-Paß, Ariz. 176
Snow Cap, Seligman, Ariz. 169 f.
Soulsby, Russell 31, 33
Springfield, Mo. 45 f.
Springsteen, Bruce 91
Stanton, Harry Dean 185
Stanton, Mo. 45
Steinbeck, John 15, 60, 182
Stewart, James 117
St. James, Mo. 45
St. Louis, Mo. 31, 38, 42, 45, 193,
  197 f.
Sullivan, Mo. 45

Ted Drewes Frozen Custard, St. Louis,
  Mo. 38
Texas 13, 60, 63, 66, 78, 85, 89, 91,
  93
Texola, Okla. 79
The Small Bar, Grants, N. Mex. 105
Thoreau, N. Mex. 116
Topock, Ariz. 169, 177
Tracy, Spencer 117
Troup, Bobby 15, 158, 196–198
Troup, Cynthia (geb. Hare) 197
Tucumcari, N. Mex. 98
Tulsa, Okla. 65
Tutts, Dave 46, 65
Twin Arrows, Ariz. 156
Two Guns, Ariz. 156

U-Drop-Inn, Shamrock, Tex. 86
Vega, Tec. 93
Victorville, Kalif. 194
Villa Cubero, Cubero, N. Mex. 116
Vinita, Okla. 60
Virginia 63

Wayne, John 117
Waynesville, Mo. 78
Weatherford, Okla. 78
Westwood, Los Angeles, Kalif. 198
Wigwam Motel, Holbrook, Ariz. 146,
  154
Wigwam Village, Rialto, Kalif. 196
Wilderado, Tex. 93
Williams, Ariz. 157 f., 167
Williams, Hank 170
Wilmington, Ill. 24
Winona, Ariz. 156
Winslow, Ariz. 153, 146, 148 f., 153,
  156
Wynette, Tammy 148

Younger, Cole 46

66 Diner, Albuquerque, N. Mex. 137